KB184044

읽다 보면 저절로 외워지는
초등 어휘

EBS 국어 이서윤 쌤 의 스토리텔링 학습 동화

읽다 보면 저절로 외워지는 초등 어휘

이서윤 글·박소라 그림

데이스타
Daystar

'어휘'를 재료 삼아 '생각'을 요리하다!

우리는 각자 세상과 소통하는 여러 개의 통로를 갖고 있어요. 내가 하고 싶은 이야기를 그림으로 하기도 하고, 노래로 하기도 하고, 춤으로 하기도 하지요. 그중에서도 가장 자주, 가장 많이 사용하는 것은 아마도 '언어'가 아닐까 합니다. 우리는 대부분 언어를 이용해 말과 글로 소통하며 살아가지요.

어쩌다 학생들의 일기를 읽다 보면 어떤 친구는 '참 재미있었다.' 한 줄로 그날의 모든 감정을 대신합니다. 그런데 어떤 친구는 순간순간의 감정, 관찰한 것, 겪은 것을 자세하고 실감 나게 잘 표현해요. 별 것 아닌 것 같지만 이런 표현의 차이는 생활 속에서 많은 것을 다르게 만들어요. 예를 들면 친구와 싸우고 난 후 무슨 일이었는지 물었을 때 어떤 친구는 왜 싸움이 일어나게 되었는지, 그때 자신의 느낌은 어땠는지를 설명하면서 친구와의 갈등을 풀어 갑니다. 하지만 잘 설명하지 못하는 친구들은 생각의 차이를 좁히지 못하고 감정의 골만 더 깊어지지요. 우리가 생각할 수 있는 양은 우리가 알고 있는 단어의 양과 같습니다. 생각할 수 있는 재료를 많이 가지고 있으면 그 재료로 더 멋진 생각과 말이라는 요리를 할 수 있지요!

국어 어휘에는 고유어로 구성된 것과 한자어로 구성된 것이 있어요. 그리고 그 어휘가 왜 그렇게 쓰이게 되었는지 유래가 숨겨진 것도 있지요. 어휘의 유래를 알면 더 잘 기억할 수 있고 배우는 것도 재미있어집니다. 한자어 어휘는 어떤 한자어로 구성되어 있는지를 알면 다른 비슷한 단어가 나왔을 때 어떤 뜻인지 짐작할 수 있습니다. 예를 들어 책을 읽다가 '쟁점'이라는 단어를 본 후, 단어의 뜻과 구성된 한자를 찾아봤다고 해 봐요.

쟁점(爭點) **: 다툴 쟁**(爭)**, 점 점**(點)
서로 다투는 중심이 되는 이유나 주제. 최근에는 '이슈'라는 외래어가 많이 쓰이기도 한다.

이때 쟁점의 '쟁'이 '다툼'이나 '싸움'이라는 뜻을 가지고 있다는 사실을 알게 되지요. 그 후 글을 읽다가 '분쟁'이라는 모르는 단어를 만났을 때 '쟁'이라는 글자를 보고 '뭔가 다툼과 관련 있는 단어이겠구나.' 하고 짐작할 수 있게 됩니다.

분쟁(紛爭) : 어지러울 분(紛), 다툴 쟁(爭)
어지럽게 다투다. 즉 말썽을 일으키고 시끄럽고 복잡하게 다툼.

선생님은 여러분이 이 책을 통해 하나의 어휘가 어떻게 만들어지는지를 알아 갔으면 해요. 이 단어가 어떤 유래를 갖고 있는지, 옛날에 어떤 단어에서 시작되었는데 오늘날은 어떻게 변했는지, 어떤 한자어로 구성되었는지 등을 말입니다. 새로운 단어를 봤을 때 어떤 뜻일 것 같다는 느낌, 글을 읽으며 느껴지는 분위기, 글을 쓴 사람은 이런 느낌이었겠구나 하는 다양한 느낌들을 '언어 감각'이라고 합니다. 이 책을 읽고 난 후에는 여러분의 언어 감각이 훌쩍 자라 있을 거예요.

이 책에는 한 교실에서 생활하는 초등학생 친구들의 이야기가 나옵니다. 선생님이 교실에서 생활하면서 직접 겪었던 일을 이야기로 꾸며서 각색했어요. '각색(脚色)'이란 다리 '각(脚)', '빛 색(色)'으로 재미를 위해 실제로 없었던 일을 보태어 사실인 것처럼 꾸며서 쓴 것을 말해요. 재미있는 이야기 속에 나오는 단어들을 살펴보며 어떤 뜻일지 문맥을 통해 유추해 보세요.

글을 읽을 때는 단어의 뜻을 대충 알 것 같은데도 막상 자신의 말이나 글에서 직접 사용하지 못하는 경우가 많습니다. '이런 뜻이겠구나.' 하고 감이 오는 단어라도 유래나 한자 뜻 설명 등을 통해 정확하게 아는 것은 국어 공부에 많은 도움이 됩니다. 단어가 들어간 예문을 읽어 보고, 직접 연필을 들고 스스로 짧은 글을 지어 보며 책을 읽어 보세요.

이 책을 다 보고 나면 여러분은 어휘를 이해하는 방법을 자연스럽게 알고 있는 언어 요리사가 되어 있을 겁니다! 어휘 재료를 모으는 일을 선생님과 함께해 봐요! 그리고 근사한 언어 요리를 만들어 봅시다!

퇴근 후 서재에서 매일 끙끙대며 초등 어휘력에 대해 고민하던

이서윤 선생님이 썼습니다

차례

이 책을 읽는 방법

스토리텔링 학습 동화로
초등 어휘 완벽 마스터!

"어휘 톡톡!"을 통해
초등 어휘 뜻과 용례 완전 정복!

"한자 톡톡!"을 통해
한자 어휘 뜻과 유래 완전 정복!

익숙한 상황과 문장을 담은
"어휘 테스트"로 꼼꼼히 복습!

고민상담

이 책의 등장인물

이서윤 담임 선생님

아이들을 사랑하고 아이들의 문제를
어떻게 해결할지 고민하는 교사

정수아

야무지지만 오지랖이 넓어
반장 선거에 떨어지고 따돌림까지 당함

최리나

질투심이 많고 학원 스트레스에 시달려
친구들 사이를 이간질시키고 다님

강현수

부모님이 일찍 돌아가시고
할머니와 함께 살고 있음

박세진

다양한 친구를 모두 포용하는 아이로,
예쁜 외모 때문에 재준이가 좋아함

김지성

아빠가 운영위원장에 본인도 일명 엄친아여서
반장 선거에 출마했는데 이게 웬일?

이재준

공부도 학교 일도 아무 관심 없는
말썽꾸러기로 우연히 반장이 됨

강병교

재준이의 가장 친한 친구이자 심복

다연, 나영, 민서 등 : 5반의 친구들

수아는 며칠 전부터 새로운 학년의 반 배정 때문에 **조바심**[001]이 났습니다. 재준이와 같은 반이 될까 봐 말이에요. 재준이와는 작년에도 같은 반이었습니다. 재준이는 학교를 **종횡무진**[002]하고 다니며 친구들을 괴롭히는 게 **다반사**(茶飯事)[003]였습니다. 그런 재준이를 보며 수아는 **학을 뗐는데**[004] 또 같은 반이 되긴 싫었어요.

"야! **오지랖**[005]!"

'오지랖'은 재준이가 수아를 부르는 별명이었어요. 수아가 야무져서 다른 친구들의 일을 잘 도와주거든요. 하지만 재준이는 그런 수아가 **눈엣가시**[006]였습니다. 재준이가 무슨 일만 하면 선생님께 가서 **미주알고주알**[007] 일러바치고 이렇게 해라, 저렇게 해라, 자꾸 **훈수**(訓手)**를 두었기**[008] 때문이죠. 한마디로 재준이와 수아는 **견원지간**(犬猿之間)[009]이었어요.

수아는 5학년 5반 교실로 향했습니다. 그런데 5반 교실에 딱 들어섰을 때, 수아에게 보인 사람은 바로 이. 재. 준!

"야! 오지랖! 너도 5반이냐? 아, 네 잔소리 들을 생각을 하니 벌써 **간담**(肝膽)**이 서늘해진다**[010]."

"이재준, 나야말로 마찬가지야. 어떻게 친구를 괴롭힐지 **고안**(考案)[011]해 내는 게 취미인 너랑은 관계를 **단절**(斷切)[012]하고 싶거든. 제발 나랑 눈도 마주치지 말고 이야기도 하지 말자. 부탁한다!"

첫날부터 재준이와 수아는 **각축**(角逐)⁰¹³을 벌였습니다.

"자, 자, 자리에 앉자."

낯선 어른의 목소리에 아이들은 깜짝 놀라 자리에 앉았습니다.

"안녕하세요. 선생님은 이서윤 선생님이에요. 올해 5학년 5반 담임을 맡았어요. 잘 지내보도록 해요."

재준이는 콧방귀를 뀌었어요. 그걸 본 재준이의 짝 세진이가 재준이에게 말했어요.

"내가 **노파심**(老婆心)⁰¹⁴에서 하는 말인데 우리 아무 일 없이 일 년 간 잘 지냈으면 좋겠다."

"흥, 굳이 잘 지낼 것까지 있을까?"

세진이는 **어처구니가 없었지만**⁰¹⁵ 선생님을 보고 앉았어요. 재준이는 사실 예쁘장한 짝 세진이가 마음에 들었어요. 하지만 마음과 달리 퉁명스럽게 굴고 말았죠.

수아는 쉬는 시간에도 자리에 조용히 앉아서 책을 보고 있었어요. 리나가 수아에게 다가갔어요.

"무슨 책 봐?"

"톰 소여의 모험."

"너 작년에 3반이었지?"

"응."

수아는 다시 책에 얼굴을 묻었어요. 리나는 더 이상 수아에게 말을 걸면 안 되겠다는 생각이 들었어요.

'혼자 책만 읽고 되게 똑똑한 척하네. 재수 없어.'

리나는 쭉 교실을 둘러보았어요. 작년에 같은 반이었지만 거의 말을 안 해 본 세진이도 보였어요. 현수는 지성이라는 아이와 한참 동안 떠들고 있었어요. 아무래도 5학년쯤 되니 친하진 않아도 얼굴은 아는 친구들이 대부분이었어요.

한편 세진이는 새 학년이 될 때마다 친구 관계 고민이 가장 스트레스였어요. 그래서 세진이 엄마는 어제 새 학년을 걱정하고 있는 세진이에게 이렇게 말했어요.

"살면서 새로운 생활에 적응하고 새로운 친구를 사귀는 일이 힘들고 불편할 수 있어. 하지만 그건 **불가피**(不可避)[016]한 일이란다. 그리고 달리 생각해 보면 신나는 일일 수도 있어. 한 사람을 만난다는 건 그 사람이 살아왔던 과거 그리고 현재의 모습, 앞으로 보게 될 미래의 모습까지도 다 같이 만나는 것이거든."

조금 **심오**(深奧)**한**[017] 말이었지만 **골똘히**[018] 생각해 보니 새로운 친구를 만난다는 건 즐겁고 재미있는 일인 것 같았어요.

'앞으로 누구와 친해지게 될까? 5학년 5반에서는 어떤 일이 일어날까?'

어휘 톡톡!

어휘의 뜻을 함께 살펴보고 어휘가 들어간 짧은 예문을 읽어 보세요.

001 > 조바심

조를 타작(곡식을 털어 낟알을 거두는 것)하는데 잘 안 된다는 데서 나온 말이다. 지금은 어떤 일이 뜻대로 이루어지지 않을까 걱정하여 조마조마하게 마음을 졸이는 것을 뜻한다.

예) 나는 시험 점수가 떨어질까 봐 **조바심**이 났다.

002 > 종횡무진(縱橫無盡) **: 세로 종**(縱)**, 가로 횡**(橫)**, 없을 무**(無)**, 다할 진**(盡)

가로, 세로를 마음대로 움직이는 모양, 마음 내키는 대로 자유자재로 행동하는 것을 말한다.

예) 연석이는 운동장을 **종횡무진** 누볐다.

003 > 다반사(茶飯事) **: '항다반사**(恒茶飯事)**'의 줄임말, 항상 항**(恒)**, 차 다**(茶)**, 밥 반**(飯)**, 일 사**(事)

'밥을 먹고 차를 마시는 일처럼 예사로이 자주 일어나는 일'을 말하며, '예삿일'도 같은 뜻이다.

예) 민석이가 억울하다고 우는 일은 **다반사**야. 신경 쓰지 마.

004 > 학을 떼다

'학'은 학질이라는 병을 말한다. 요즘 말로 말라리아인데, 학질모기가 옮기는 전염병이다. 말라리아에 감염된 모기가 사람을 물면 그 사람도 말라리아에 감염되며 말라리아에 걸리면 설사, 구토, 발작 같은 여러 증상이 나타난다. 옛날에는 학질이 돌면 수많은 사람이 죽었다고 한다. '학을 뗀다'는 것은 학질에 걸렸다가 낫는 것을 말한다. 학질에 걸리면 병에 걸렸을 때도 고생하고 그 병이 낫는 것도 힘들다. 그래서 괴롭거나 힘든 일에서 벗어나느라고 진땀을 뺄 때 학을 뗀다고 말한다.

예) 나는 수학이라면 **학을 뗀다.**

005 > 오지랖

'오지랖'은 옷의 앞자락이다. 옷의 앞자락이 넓으면 그만큼 다른 옷을 많이 덮게 되는데, 이러한 모양을 보고 자기랑 상관없는 일에 여기저기 참견하고 나서는 사람을 빗대어 '오지랖이 넓다'라고 표현하는 것이다.

예) 너는 얼마나 **오지랖**이 넓기에 남의 일을 그렇게 캐고 다니는 거야?

006 > 눈엣가시

세상 모든 것을 볼 수 있는 감각 기관인 '눈'은 매우 소중하다. 그런데 눈에 이상이 생겨 눈이 아프거나 보이지 않는다면 얼마나 힘들 것인가. '눈'에 들어갈 수 있는 이물질은 작은 먼지에서부터 큰 '가시'나 '벌레'까지 아주 다양하다. 특히 작은 '가시'가 들어갔을 경우는 아프고 빼내기도 힘들다. 눈에 들어간 가시가 바로 '눈엣가시'고 몹시 밉거나 싫어 눈에 거슬리는 사람을 이렇게 표현한다.

| TIP | 눈엣가시(O) 눈에가시(X)

예) 사사건건 참견하는 그 애가 나에게는 **눈엣가시**였다.

007 > 미주알고주알

'미주알'은 항문에 닿아 있는 창자의 끝부분이다. 따라서 '미주알을 캔다'는 창자 끝까지 들여다본다는 것이다. 아주 사소한 일까지 일일이 따지고 들 때 '미주알고주알 캔다'라고 표현한다. '고주알'은 별 뜻 없이 미주알과 운을 맞추기 위해 붙인 말이다.

예) 나는 엄마에게 학교에서 있었던 일을 **미주알고주알** 말하는 편이다.

008 > 훈수(訓手)를 두다 : 가르칠 훈(訓), 손 수(手)

바둑이나 장기 따위를 둘 때 구경하던 사람이 끼어들어 가르쳐 주는 일을 뜻하며, 그처럼 남의 일에 끼어들어 이래라저래라 간섭하는 사람을 가리킬 때 쓴다.

예) 내기하는 거니까 **훈수 두지** 마라.

009 > **견원지간**(犬猿之間) : **개 견**(犬), **원숭이 원**(猿), **갈 지**(之), **사이 간**(間)

개와 원숭이의 사이라는 뜻으로, 원수 사이를 나타낼 때 사용한다.

예) 작년에 지원이와 다투고 난 이후로는 지원이의 동생과도 **견원지간**이 되었다.

010 > **간담**(肝膽)**이 서늘해지다** : **간 간**(肝), **쓸개 담**(膽)

간과 쓸개는 '속마음'을 뜻한다. '간담이 서늘해진다'는 간과 쓸개가 서늘해질 만큼 놀라거나 무서운 경험을 했을 때 쓰는 말이다.

예) 학교에 혼자 남아 있는데 갑자기 '쿵' 소리가 들려 **간담이 서늘해졌다.**

011 > **고안**(考案) : **생각할 고**(考), **책상 안**(案)

무언가를 연구해서 새로운 방법을 생각해 낸다는 뜻이다.

예) 나는 환경 오염을 일으키지 않는 샴푸를 **고안** 중이다.

012 > **단절**(斷絶) : **끊을 단**(斷), **끊을 절**(絶)

사람이나 일에 대한 관계 혹은 유대를 끊는다는 뜻이다.

예) 남한과 북한의 **단절**된 관계를 회복시키자.

013 > 각축(角逐) : **뿔 각**(角), **쫓을 축**(逐)

실력이 비슷한 사람이나 팀이 서로 이기기 위해 다툴 때 '각축'을 벌인다고 한다. 이때 '각(角)'은 뿔로, 사슴이나 염소처럼 뿔이 있는 동물이 서로 뿔을 맞대고 싸우는 모습에서 나온 말이다. '축(逐)'은 우리를 뛰쳐나온 돼지를 잡기 위해 뒤쫓아 간다는 뜻의 글자다. 따라서 '각축(角逐)'은 서로 뿔을 맞대고 다투며 쫓아다니는 모습을 뜻한다.

예) 10여 개의 팀이 우승을 놓고 **각축**을 벌였다.

014 > 노파심(老婆心) : **늙을 노**(老), **할머니 파**(婆), **마음 심**(心)

노파는 할머니를 가리키며 노파심은 할머니의 마음을 뜻한다. 할머니의 마음처럼 근심과 걱정이 많다는 뜻이다.

예) 아비가 **노파심**으로 하는 소린데, 제발 매사에 행실을 조심하도록 해라.

015 > 어처구니없다

'어처구니'가 맷돌의 위아래를 연결해 주는 장치 또는 맷돌의 손잡이를 가리킨다는 주장이 있다. 맷돌을 돌리려는데 어처구니가 없으면 맷돌을 잡고 돌릴 수가 없다. 이처럼 황당한 일을 겪었을 때 '어처구니없다'라고 말하며, 비슷한 표현으로는 '어이없다', '터무니없다', '영문을 모르겠다' 등이 있다.

예) **어처구니없는** 일을 당하고 보니 한숨만 나온다.

016 불가피(不可避) : 아닐 불(不), 옳을 가(可), 피할 피(避)

피할 수 없으며, 어쩔 수 없다는 뜻이다.

예) 밀가루와 설탕 가격이 인상되니 과자 가격의 인상도 **불가피**하다.

017 심오(深奧)한 : 깊을 심(深), 깊을 오(奧)

생각이나 내용이 깊이가 있거나 어렵다는 뜻이다.

예) 우리 조상이 남긴 글 속에는 **심오한** 지혜와 사상이 들어 있다.

018 골똘히

한 가지 일에 온 정신을 쏟아 딴생각이 없다는 뜻이다.

예) 무엇을 그렇게 **골똘히** 생각하고 있니?

한자 톡톡!
|고|

관련 어휘 011. '고안(考案)'

≫ '생각하다'를 뜻하는 고(考) ≪

 고고학(考古學) : **생각할 고**(考), **옛 고**(古), **배울 학**(學)

옛날에 대해 생각하는 학문. 유적, 유물 등을 자세하게 조사해서 고대 인류의 문화를 연구하는 학문.

예) 나는 **고고학**자가 되어서 유물을 조사하고 싶어.

 고사(考査) : **생각할 고**(考), **조사할 사**(査)

자세히 생각하고 조사함. 학생들의 학업 성적을 평가하는 시험.

예) 우리 학원에서는 월말**고사**를 보고 성적표를 집으로 보내.

 고시(考試) : **생각할 고**(考), **시험 시**(試)

어떤 자격이나 면허를 주기 위하여 시행하는 여러 가지 시험.

예) 너는 어떤 국가**고시**든 다 통과할 수 있을 거야.

» '알리다'를 뜻하는 고(告) «

 고발(告發) : **고할 고**(告), **필 발**(發)

범죄 사실을 신고하여 처벌을 요구하는 일.

예) 할머니는 신발 도둑을 **고발**했다.

 고백(告白) : **고할 고**(告), **흰 백**(白)

마음속에 숨기고 있던 것을 '흰색이 되게', 즉 아무 숨김없이 털어놓음.

예) 내가 했던 거짓말을 **고백**할게.

 고시(告示) : **고할 고**(告), **보일 시**(示)

어떤 내용을 글로 써서 여러 사람에게 알리려 내붙여서 널리 알림.

예) 이번에 게시판에 **고시**된 날짜에 이 건물 철거가 시작될 것입니다.

» '굳다'를 뜻하는 고(固) «

 고정(固定) : **굳을 고**(固), **정할 정**(定)

한 곳에 붙어 있음. 정한 대로 바뀌지 않음.

예) 내 두 눈은 예쁜 원피스에 **고정**되고 말았다.

고착(固着) : **굳을 고**(固), **붙을 착**(着)

물건 같은 것이 굳게 들러붙어 있음. 어떤 상황이나 현상이 굳어져 변하지 않음.

예) 나이가 들다 보면 생각이 **고착**되어 잘 바뀌지 않는다.

 고체(固體) : **굳을 고**(固), **몸 체**(體)

일정한 모양이 있는 딱딱한 상태의 물질.

예) 물이 **고체**가 되면 얼음이 된다.

"이번 주 금요일에는 반장 선거가 있을 겁니다. 반장에 출마하고 싶은 사람은 미리 생각해 보도록 하세요."

담임 선생님께서는 반장 선거를 예고하셨습니다. 쉬는 시간이 되자 교실 뒤쪽에 있던 재준이가 일어서서 반 아이들에게 외쳤습니다.

"친구들, 좋은 후보를 **물색**(物色)**019**하고 있냐?"

아이들은 어리둥절한 표정을 지으며 재준이를 쳐다보았습니다. 반장 선거에는 신경도 쓰지 않던 재준이가 후보를 **운운**(云云)**020**하니 당황할 수밖에요.

"고민할 거 있냐? 나 이재준을 뽑아라. 그동안은 내가 반장 같은 거에 관심이 없어서 안 나갔는데 이제는 한 번 나가 보려고."

"오, 이재준도 **출사표**(出師表) **던지는021** 거냐?"

만년 반장 지성이가 말했습니다. 지성이는 공부도 잘하고 아빠가 학교 운영위원장이어서 유력한 반장 후보였거든요.

"웃기셔. 재준이 네가 반장이면 지나가는 개가 웃겠다."

수아도 재준이를 비웃으며 말했습니다.

"야! 정수아! 너 같은 **한낱022** 잔소리꾼보다는 나아."

"반장이 해야 할 일이 있는데 할 일은 **어영부영023**하면서 친구들 괴롭히기만 하려고?"

그렇게 반장 선거 때문에 한동안 교실은 시끌벅적했습니다.

"재준아, 너 정말 반장 선거 나가려고?"

재준이 뒤를 졸졸 쫓아다니는 병교가 재준이에게 물었어요.

"그렇다니까."

"갑자기 왜?"

"엄마가 반장 되면 최신 폰으로 바꿔 준다잖아."

"그럼 그렇지."

"병교야, 나 후보로 추천해 줄 거지?"

"그, 글쎄."

"글쎄? 지금까지 너 지켜 준 사람이 누구였는데?"

"아, 알았어."

드디어 금요일이 되었습니다.

"자, 반장 선거 후보를 추천하도록 하겠습니다. 우리 반을 잘 이끌어 줄 반장 후보를 추천하고 그 이유도 말해 주세요."

5반 친구들 몇 명이 손을 들었습니다.

"저는 김지성을 추천합니다. 지성이는 친구도 잘 도와주고 공부도 잘합니다."

"저는 정수아를 추천합니다. 수아는 무엇이든 잘하기 때문입니다."

"그럼 더 이상 없나요?"

재준이가 병교를 째려보자 병교는 조심스럽게 손을 들었습니다.

"그래. 병교가 추천할 친구가 있나 보구나."

"저, 저는 이재준을 추천합니다."

그렇게 수아, 지성이, 재준이가 반장 후보에 올라왔습니다.

"그럼 반장 후보들의 후보 연설을 들어 보도록 하겠습니다."

수아가 가장 먼저 앞으로 나갔습니다.

"우선 저를 반장 후보로 추천해 주셔서 감사합니다. 저는 반장이 되면 5반 친구들이 즐거운 학교생활을 할 수 있도록 발 벗고 나설 것입니다. 항상 봉사하고 책임감 있는 반장이 되도록 하겠습니다."

차례가 되자 재준이는 머리를 긁적이며 나갔어요. 막상 사람들의 **이목**(耳目)⁰²⁴이 집중되자 부끄러웠던 거예요.

"최선을 다하도록 하겠습니다. 뽑아 주세요."

짧은 재준이의 후보 연설이 끝나고 지성이의 완벽한 연설이 이어진 뒤, 투표가 시작되었습니다.

'이재준, 갑자기 반장은 왜 나왔담. 뭐 나한테는 유리한 거지. 아무래도 남자 표는 갈라질 거고 여자애들은 나를 찍을 테니까.'

수아는 입꼬리를 살짝 올리며 웃음 지었어요. 그리고 투표 결과를 공개하는 시간이 돌아왔지요.

"정수아"

"이재준"

"김지성"

이름이 불리는데 수아의 이름은 몇 표 나오고 더 이상 나올 기미를 보이지 않았어요. 그리고 재준이와 지성이가 **막상막하**(莫上莫下)[025]로 각축전을 벌였고 결국 두 표 차이로 재준이가 반장에 당선되었어요.

"재, 재준아. 네, 네가 진짜 반장이 된 거야?"

"그, 그러게. 병교야. 나도 진짜 될 줄은 몰랐네."

"자, 투표 결과 5반의 1학기 반장으로 재준이가 당선되었습니다. 재준이는 앞으로 나와 당선 소감과 앞으로의 계획을 말해 주세요."

"너희들이 잘못했을 때도 **관용**(寬容)[026]을 베풀어 줄게. 멋진 5반을 만들었으면 좋겠다."

"네가 친구를 용서하고 말고 할 자격이 있는 건 아니지."

재준이가 반장이 된 것을 이해할 수 없었던 지성이가 말했어요. 한편 수아 역시 지성이도 아닌 재준이가 당선되었다는 게 믿기지 않았어요. 거기다가 수아의 표는 딱 두 표밖에 나오지 않았거든요.

"야, 이재준! 넌 반장이 얼마나 힘든지 **짐작**(斟酌)[027]도 못 할 거야. 해 봤어야 알지."

심술이 난 수아가 재준이에게 말했어요. 반장이 되어 스마트폰을 바꿀 수 있게 된 재준이는 신이 나서 수아가 무슨 말을 하든 신경도 쓰지 않고 외쳤죠.

"이재준의 시대가 **도래**(到來)[028]했다!"

어휘 톡톡!

어휘의 뜻을 함께 살펴보고 어휘가 들어간 짧은 예문을 읽어 보세요.

019 **물색**(物色) : **물건 물**(物), **빛 색**(色)

겉뜻은 '물건의 색깔'이다. 많은 것 중에서 꼭 알맞은 물건 또는 사람을 고를 때 쓰인다.

예) 그 남자는 안줏거리를 **물색**하고 있었다.

〈물색의 유래 이야기〉

수레는 보통 네 마리의 말이 끌었습니다. 그런데 한 수레를 끄는 네 마리의 말이 흰색, 검은색, 갈색, 알록달록 점박이 등으로 다 다르면 보기에 좋지 않겠죠? 더구나 세 마리 말은 힘이 센데 나머지 한 마리의 말이 늙고 힘이 없다면 그 말 때문에 수레는 얼마 못 가서 뒤집히고 말 것입니다. 그래서 수레를 모는 사람은 색깔도 같고 힘도 비슷한 네 마리의 말을 찾아야 했습니다. 물색은 힘도 비슷하고 색깔도 같은 네 마리 말을 고르는 것을 말합니다. 오늘날에는 '많은 것 중에서 꼭 알맞은 물건 또는 사람을 고른다'라는 뜻으로 사용하게 되었답니다.

020 운운(云云) : 이를 운(云)

이러쿵저러쿵 말하다.

예) 나의 과거를 **운운**하며 협박하는 거야?

021 출사표(出師表)를 던지다 : 날 출(出), 스승 사(師), 겉 표(表)

경기에 나가겠다고 하는 것.

예) 민철이네 반은 이번 축구 시합에서 옆 반에 **출사표**를 던졌다.

〈출사표의 유래 이야기〉

촉나라 때 제갈량이 후주, 즉 뒤를 이을 왕에게 올린 글에서 유래했습니다. 출사표는 군대를 싸움터로 보내면서 신하가 필승의 각오를 적어 올리는 글로 경기나 경쟁 따위에 참가 의사를 밝히는 것을 말합니다.

022 한낱

'기껏해야 대단한 것 없이 다만'이라는 뜻.

예) 하지만 그들은 이제 **한낱** 웃음거리에 불과한 신세다.

023 어영부영

뚜렷하거나 적극적인 의지가 없이 되는 대로 행동하는 모양.

예) 그는 하루 종일 거리에서 **어영부영** 시간을 보냈다.

024 > 이목(耳目) : 귀 이(耳), 눈 목(目)

귀와 눈, 주변의 관심을 뜻한다. 이목이 넓다는 말은 보고 들은 게 많아 아는 게 많다는 뜻으로 쓰인다.

예) 영석이의 발표는 사람들의 **이목**을 집중시킨다.

025 > 막상막하(莫上莫下) : 없을 막(莫), 위 상(上), 없을 막(莫), 아래 하(下)

위아래가 없다, 즉 더 잘하고 못하고의 차이가 거의 없고 비슷하다.

예) 이번 시험에서 1등과 2등의 실력은 **막상막**하다.

|TIP| 비슷한 말

➜ **난형난제**(難兄難弟) : 어려울 난(難), 형 형(兄), 어려울 난(難), 아우 제(弟)

누구를 형이라 해야 하고, 누구를 아우라 해야 할지 분간하기 어렵다는 뜻으로, 둘 간의 우열을 판단하기 어려울 때 쓰인다.

➜ **오십보백보**(五十步百步) : 다섯 오(五), 열 십(十), 걸음 보(步), 일백 백(百), 걸음 보(步)

전장(戰場)에서 오십 보 도망가나 백 보 도망가나 같다는 뜻으로, 좀 낫고 못한 차이는 있으나 서로 비슷할 때 쓰인다.

➜ **백중지세**(伯仲之勢)(백중세) : 맏 백(伯), 버금 중(仲), 갈 지(之), 형세 세(勢)

누가 더 낫고 누가 더 못한지 가리기 힘든 형세.

➜ **호각지세**(互角之勢) : 서로 호(互), 뿔 각(角), 갈 지(之), 형세 세(勢)

서로 조금도 낫고 못함이 없는 것.

026 > 관용(寬容) **: 너그러울 관**(寬), **얼굴 용**(容)

남의 잘못을 너그럽게 받아들이거나 용서하다.

예) 선생님, 저희가 잘못했지만 한 번만 **관용**을 베풀어 주세요.

027 > 짐작(斟酌) **: 헤아릴 짐**(斟), **술 부을 작**(酌)

짐(斟)은 원래 속이 보이지 않는 술병을, 작(酌)은 술을 따르는 것을 가리킨다. 속이 보이지 않는 술병을 가지고도 부족하거나 넘치지 않도록 어림으로 알맞게 술을 따르는 것처럼, 어떤 사정인지 대충 예상하는 것을 말한다.

예) 내 **짐작**에 그는 지금쯤 집에 도착했을 거야.

028 > 도래(到來) **: 이를 도**(到), **올 래**(來)

어떤 시기나 기회가 닥쳐옴.

예) 어린아이도 휴대폰을 가지고 다니는 시대가 **도래**했다.

한자 톡톡!
| 도 |

관련 어휘 028. '도래(到來)'

» '길, 도리'를 뜻하는 도(道) «

 도덕(道德) : 길 도(道), 클 덕(德)

사람이 행해야 하는 바른길.

예) 그는 **도덕**에 어긋난 행동을 했다.

 도로(道路) : 길 도(道), 길 로(路)

사람이나 차 등이 잘 다닐 수 있도록 만들어 놓은 넓은 길.

예) 지금 학교 앞 **도로** 공사를 하기 때문에 조심해야 한다.

» '그림'을 뜻하는 도(圖) «

 도모(圖謀) : 그림 도(圖), 꾀 모(謀)

어떤 일을 하기 위하여 대책과 방법을 꾀하거나 세움.

예) 우리는 서로 간의 친목을 **도모**하기 위해 정기적으로 모이곤 했다.

도면(圖面) : **그림 도**(圖), **낯 면**(面)

토목, 건축, 기계의 구조나 설계를 나타낸 그림.

예) 나는 건축가가 되어 내가 그린 설계 **도면**에 따라 건물을 지어 보고 싶다.

≫ '이르다, 도착하다'를 뜻하는 도(到) ≪

 쇄도(殺到) : **빠를 쇄**(殺), **이를 도**(到)

전화, 주문 따위가 한꺼번에 몰려듦. 또는 어떤 곳을 향하여 세차게
달려듦.

예) 연예인을 보려고 그 식당에 사람들이 **쇄도**했다.

 도처(到處) : **이를 도**(到), **곳 처**(處)

가는 곳, 여러 곳, 방방곡곡

예) 우리가 사는 **도처**에 위험이 도사리고 있다.

≫ '섬'을 뜻하는 도(島) ≪

 도서(島嶼) : **섬 도**(島), **섬 서**(嶼)

크고 작은 온갖 섬.

예) **도서** 지방은 택배 배송이 불가능합니다.

반도(半島) **: 반 반**(半)**, 섬 도**(島)

삼면이 바다로 둘러싸이고 한 면은 육지와 이어진 땅. 대륙에서 바다

쪽으로 좁다랗게 돌출된 육지.

예) 대한민국은 **반도** 지형이라 바다로 진출하기에 유리하다.

올~ 이재준
반장 되더니 희희낙락한데?

내가 너
반장
시켜 준 거야!

내가 수아 싫어서 애들한테
너 뽑으라고 한 거야!

오호호호~

뭐래...

나는 친구들을 괴롭히긴 해도
뒤에서 이간질은 안 해!!

질색이야!!

아, 진짜 이재준!!
손발이 맞아야 뭘 해 먹지!!

반장이 돼서 신난 재준이는 선생님의 종례가 끝나자마자 **부리나케**[029] 교실 밖으로 뛰쳐나왔어요. 빨리 집에 가서 이 소식을 부모님께 알리고 스마트폰을 받아야 했거든요. 그때 저 멀리서 재준이를 부르는 소리가 들려왔어요.

"야, 이재준! 이재준!"

재준이는 뒤를 돌아보았죠. 최리나였어요.

'어? 쟤가 웬 일이지?'

"왜? 나 빨리 집에 가야 하니까 용건만 간단히 말해."

"반장되니까 아주 **희희낙락**(喜喜樂樂)[030]이다! 근데 너, 네가 어떻게 반장이 될 수 있었던 건지 아냐?"

"또 무슨 **궤변**(詭辯)[031]을 늘어놓으려고 그러서?"

"솔직히 네가 반장이 될 **가망**(可望)[032]이 있었니? 양심적으로 생각해 봐."

재준이가 생각해도 이상하긴 했어요. 공부도 잘하고 야무진 수아와 지성이를 제치고 재준이가 반장이 되다니요.

"그래서 무슨 말을 하고 싶은 건데?"

"내가 너 반장 시켜 준 거야."

"아이고! **감개**(感慨)**가 무량**(無量)[033]합니다." 재준이는 리나에게 **반어적**(反語的)[034]으로 표현했어요.

'자기가 뭔데 나를 반장을 시켜 줬다고 하는 거야? 잘난 체가 하늘

을 찌르는구먼.'

재준이는 들은 척도 하지 않고 그 자리를 떠나려고 했습니다.

"거기 서."

"내가 왜 네가 서라고 하면 서야 하는데?"

"넌 반장 될 **역량**(力量)⁰³⁵도 안 되는데 내가 반장 시켜 준 거니까. 너 반장 되고 싶어 했잖아. 엄마가 스마트폰 사 준다고 했다며."

"그게 무슨 상관이야."

"너, 내가 얼마나 발이 넓은지는 알지?"

"뭐? 너 신발이 아주 큰가 보지?"

"못 알아듣는 척하는 거야? 정말 못 알아듣는 거야? 상식적으로 생각했을 때 누가 반장이 되어야 정상적인 시나리오니?"

"내가 반장이 되는 게 어때서? 반장으로서 **손색**(遜色)**없는**⁰³⁶ 사람이 나 이재준이지."

"평소 네 행동을 돌아봐도 그런 말이 나오는 거니?"

사실 재준이의 특기는 '친구 놀리기, 친구에게 시비 걸기, 친구 때리고 모른 척하기, 급식 먹을 때 새치기하기, 수업 시간에 떠들기, 친구 싸움 부추기기' 등 아무리 나열해도 끝나지 않았죠.

"어쨌든 그래도 우리 반 친구들이 뽑아 준 거잖아."

"그러니까 그거 내가 뽑으라고 한 거야."

"왜?"

"수아가 반장되는 게 꼴 보기 싫어서."

"그러니까! 수아가 반장이 될까 봐 애들을 설득해서 나를 뽑게 했다, 이거냐?"

"친구들 괴롭히느라 잔머리 굴리는 버릇이 있어서 그런가. 머리는 잘 돌아가네."

반장 후보로 수아, 지성이, 재준이가 나올 거라는 친구들의 소리를 들은 리나는 기분이 좋지 않았습니다.

'공부 좀 한다고 잘난 척하는 수아, 반장까지 되면 얼마나 잘난 체를 더 하려고?'

하지만 반 분위기를 보니 수아가 반장이 될 가능성이 높아 보였어요. 그래서 리나는 일단 리나와 친한 아이들 다섯 명을 화장실로 불렀어요.

"너희들 수아 어떻게 생각해?"

"글쎄. 공부 잘하잖아."

"공부는 잘하는데 애가 좀 잘난 체가 심하지 않아?"

"그런가? 난 잘 모르겠는데?"

"나영이 네가 몰라서 그래. 수업 시간마다 손 들고 발표하면서 선생님한테 잘 보이려고 얼마나 노력하는데."

"그런 거 같기도 하다."

"이번에 반장 되면 또 얼마나 반을 휘젓고 다니겠냐. 우리 차라리

재준이를 뽑자.”

“이재준을? 이재준이 반장 되면 우리 반 망해.”

“우리가 몇 표 뽑아 준다고 반장 되겠어? 차라리 지성이가 되는 게 낫잖아. 남자애들은 어차피 지성이 많이 뽑을 텐데 우리 여자애들 몇 명이 재준이를 살짝 뽑아 주면 수아가 아니라 지성이가 반장이 되겠지. 그래야 이번 기회에 재준이 같은 애들도 용기를 얻지.”

“혹시 다른 애들도 재준이 뽑아서 재준이가 반장이 되어 버리는 건 아니겠지? 재준이보다는 수아가 나을 것 같은데.”

“재준이 뽑을 애는 병교밖에 없어.”

“하긴.”

“그럼 여기 모인 우리는 다 같이 재준이 뽑는 거다!”

리나 옆에 딱 달라붙은 친구들은 히죽거리며 화장실을 나왔어요. 학교 끝나고 영어 학원으로 간 리나는 또 친구들을 불렀어요.

“우리 끝나고 떡볶이랑 튀김 먹을래? 내가 쏠게.”

“그래.”

그리고 떡볶이 집에서 똑같이 친구들을 **매수**(買收)[037]했어요.

“내 예상이 **적중**(的中)[038]했지.”

수아의 이야기를 다 들은 재준이는 무척 놀라기도 했고 화가 나기도 했어요.

“지금 나를 이용한 거야? 나는 친구들을 괴롭히긴 해도 그런 식으로 뒤에서 친구들 이간질하지는 않아. 그런 애들은 아주 딱 **질색**(窒塞)[039]이야."

"네가 싫어하든 말든 상관없어. 어쨌든 넌 내 덕분에 반장이 된 거고 그렇게도 갖고 싶었던 스마트폰을 갖게 될 테니까."

"나한테 이 이야기를 하는 이유가 뭔데? 수아가 반장 되는 걸 막겠다는 작전은 성공한 거잖아. 그럼 됐지, 왜 나한테 와서까지 이러는 거야?"

"이거 진짜. **손발이 맞아야**[040] 뭘 해 먹지."

"너 자꾸 그런 짓하면 나중에 네가 왕따 되는 거야."

"내 걱정할 거 없고 내 덕분에 반장 됐으니까 이제 나 좀 생각해 주라."

"뭘 생각해 줘?"

"지내다 보면 알게 되겠지. 나 먼저 간다."

어휘의 뜻을 함께 살펴보고 어휘가 들어간 짧은 예문을 읽어 보세요.

029 > 부리나케

서둘러서 아주 급하게. '불+-이+나-+-게'가 어원으로, 그것을 소리 나는 대로 '부리나케'라고 적어 '불이 날 때처럼 아주 급하게'라는 뜻을 갖게 되었다.

예) 나는 학교에 늦을까 봐 **부리나케** 뛰어나갔다.

030 > 희희낙락(喜喜樂樂) : **기쁠 희**(喜), **즐거울 낙/락**(樂)

매우 기뻐하고 즐거워함.

예) 눈이 내리자 아이들은 **희희낙락**했다.

031 > 궤변(詭辯) : **속일 궤**(詭), **말씀 변**(辯)

다른 사람을 이기기 위하여 억지로 꾸며 내는 말, 거짓을 참인 것처럼 꾸며서 말하는 것.

예) 그건 공주님의 **궤변**이야.

032 > 가망(可望) **: 옳을 가**(可)**, 바랄 망**(望)

될 만한 가능성이나 확률.

예) 이번 선거에서는 당선될 **가망**이 있습니까?

033 > 감개가 무량하다, 감개무량(感慨無量) **: 느낄 감**(感)**, 슬퍼할 개**(慨)**, 없을 무**(無)**, 헤아릴 량**(量)

마음속에서 느끼는 감동이나 느낌이 끝이 없이 많음.

예) 오랜만에 친구를 만나니 **감개가 무량했다.**

034 > 반어적(反語的) **: 돌이킬 반**(反)**, 말씀 어**(語)**, 과녁 적**(的)

표현의 효과를 높이기 위하여 실제와 반대로 말을 함.

예) 네가 천재라고 하는 건 **반어적**인 표현이야.

035 > 역량(力量) **: 힘 역**(力)**, 헤아릴 량**(量)

힘의 양, 즉 어떤 일을 해낼 수 있는 힘.

예) 우리 모두에게는 **역량** 있는 지도자가 필요하다.

036 > 손색없다 : 겸손할 손(遜)**, 빛 색**(色)

다른 것과 비교해서 못한 점이 없다.

예) 그 놀이터는 **손색없는** 시설을 갖추고 있다.

037 〉 **매수**(買收) : **살 매**(買), **거둘 수**(收)

물건을 사들임. 또는 돈으로 남의 마음을 사서 자기편으로 만드는 것.

예) 친구를 그런 식으로 **매수**하면 안 되지.

038 〉 **적중**(的中) : **과녁 적**(的), **가운데 중**(中)

화살이나 총알이 목표물에 맞음. 또는 예상이나 추측이 목표에 꼭 들어맞음.

예) 형사의 예상은 **적중**했다. 그 남자가 바로 범인이었다.

039 〉 **질색**(窒塞) : **막힐 질**(窒), **막힐 색**(塞)

매우 싫어하거나 꺼린다.

예) 나는 추운 날씨는 딱 **질색**이야.

040 〉 **손발이 맞다**

함께 일을 하는 데에 마음이나 의견, 행동이 서로 잘 맞다.

예) 나와 내 짝꿍은 협동화 그리기에서 **손발이 맞았다.**

한자 톡톡!
| 역/력 |

관련 어휘 035. '역량(力量)'

≫ '힘'을 뜻하는 역/력(力)

 역설(力說) : **힘 역**(力), **말씀 설**(說)

힘주어 주장하고 말함.

예) 선생님께서는 성실의 중요성을 **역설**하셨다.

 강력(強力) : **강할 강**(強), **힘 력**(力)

힘이나 영향력이 강함.

예) 전염병 예방을 위해 **강력**한 대책이 필요하다.

 역작(力作) : **힘 역**(力), **지을 작**(作)

온 힘을 다해 만든 훌륭한 작품.

예) 이 작품은 현대 미술 최고의 **역작**이라는 평가를 받는다.

» '세월, 역사'를 뜻하는 역/력(歷) «

 내력(來歷) : **올 래/내**(來), **지날 력**(歷)

그동안 겪은 이야기나 자취.

예) 그는 내가 젊은 시절 살아온 **내력**을 궁금해했다.

 역사(歷史) : **지날 역**(歷), **역사 사**(史)

과거에 일어난 사건이나 인물의 기록.

예) 우리나라의 **역사**를 알아야 미래를 대비할 수 있다.

 역임(歷任) : **지날 역**(歷), **맡길 임**(任)

여러 직위를 두루두루 거쳐 지냄.

예) 그분은 정부의 주요 고위직을 **역임**하였다.

» '거스르다'를 뜻하는 역/력(逆) «

 역경(逆境) : **거스를 역**(逆), **지경 경**(境)

일이 뜻대로 되지 않고 어렵게 된 처지나 상태.

예) 아무리 어려운 일이 생겨도 **역경**을 헤쳐 나가야 한다.

반역(反逆) : **돌이킬 반**(反), **거스를 역**(逆)

나라나 지배자를 배반함.

예) **반역**을 도모하는 역적들을 다 잡아들여라.

 역행(逆行) : **거스를 역**(逆), **다닐 행**(行)

보통의 방향과 반대 방향으로 거슬러 나아감. 일정한 방향, 순서, 체

계를 바꿈.

예) 지금 반장이 자기 마음대로 행동하는 것은 시대에 **역행**하는 것이다.

어휘 테스트

다음 문장을 읽고 (　　) 안에 들어갈 어휘를 [보기]에서
골라 써 보세요.

보기

가망	강력	견원지간	고백	도모
막상막하	미주알고주알	반도	부리나케	
어영부영	역행	오지랖	이목	
조바심	질색	훈수		

1. 주영이는 학교에 늦을까 봐 (　　　　)이 났다.

2. 종현이는 우리 반에서 (　　　　)이 넓기로는 알아 주는 친구다.

3. 하윤이는 상혁이에게 오늘 무슨 일이 있었는지 (　　　　) 다 말했다.

4. 선미와 동민이가 내기 중인데 성호가 와서 (　　　　)를 둔다.

5. 하윤이와 준수는 서로 (　　　　)이나 다름 없다.

6. 수아가 세희한테 진실을 (　　　　)하자 재현이는 깜짝 놀랐다.

7. (　　　) 시간을 보내느라 숙제를 다 못했다.

8. 재준이나 병교나 장난기로는 (　　　)다.

9. 연서가 뛰어난 노래 솜씨를 자랑하자 (　　　)이 집중됐다.

10. 지민이가 또 유치한 장난을 치려고 계획을 (　　　)하고 있었다.

11. 대한민국과 이탈리아는 (　　　) 지형이다.

12. 종이 울리자마자 경호가 급식실로 (　　　) 뛰어갔다.

13. 성준이가 반장이 될 (　　　)은 전혀 없다.

14. 수학이라면 딱 (　　　)이다.

15. 시대를 (　　　)하는 정책을 내놓았다.

16. 성호는 힘이 아주 (　　　)해서 씨름 대회에서 1등을 했다.

| 정답 |　1. 조바심　2. 오지랖　3. 미주알고주알　4. 훈수　5. 견원지간　6. 고백　7. 어영부영　8. 막상막하　9. 이목　10. 도모
11. 반도　12. 부리나케　13. 가망　14. 질색　15. 역행　16. 강력

난리법석 학급 회의

"자, 오늘은 학급 회의를 하겠어요. 학급 회의를 통해서 우리 반 규칙을 정하도록 할 거예요. 여러분들이 지켜야 할 교실 규칙을 직접 정하고, 그것을 지키지 않았을 때는 어떻게 해야 할지도 회의를 통해 정해 보세요. 반장인 재준이가 나와서 회의를 진행하도록 하자."

"네."

재준이는 얼떨떨했어요. 반장이 돼서 스마트폰을 사는 것까지는 좋았는데 말이에요.

"지, 지금부터 학급 회의를 시작하겠습니다. 우리 교실에 어떤 문제가 있는지 말해 보고, 그것에 맞게 어떤 규칙을 정하면 좋을지 말해 주세요."

"숙제 안 한 사람은 남는 걸로 해."

자신과 친한 재준이가 반장이 되자 **기세**(氣勢)**가 등등**(騰騰)**[041]** 해진 병교가 발언권을 얻지도 않고 앉아서 말을 했어요.

"아, 그래? 부반장, 칠판에 적어."

"손 들고 의견을 발표하고, **거수**(擧手)**[042]**로 결정해야 한다고 생각합니다."

수아가 입을 열었어요. 리나는 또 입을 삐쭉거렸죠. 수아가 손을 들었어요.

"수아, 발표해 주세요."

"요즘 친구를 놀리는 친구들이 우리 반에 많이 있습니다. 친구들을 놀리지 않았으면 좋겠고, 만약 친구들을 놀리면 그 친구에게 사과 편지를 썼으면 좋겠습니다."

리나도 손을 들었어요.

"저는 친구를 놀리는 것은 친근감의 표시이기도 하다고 생각합니다. 만약 기분이 나쁘다면 미안하다는 사과 정도로 넘어가도 된다고 생각합니다. **고작**⁰⁴³ 친구들을 놀리는 것에 대해 회의를 하려고 이 시간을 내는 것은 아닙니다. 우리 교실 분위기 **개선**(改善)⁰⁴⁴을 위해서 더 중요한 일에 대해 말해야 한다고 생각합니다."

두 사람이 팽팽하게 **대적**(對敵)⁰⁴⁵했어요. 그 분위기에 짓눌려 다른 친구들은 입을 떼지 못하고 있었을뿐더러 자기들끼리 수다를 떠느라 정신이 없었습니다. 학급 회의 시간인지 쉬는 시간인지 분간할 수조차 없는 상황이었습니다.

"반장은 지금 이 상황을 중재하세요. 다수결로 정하든가 다른 친구들의 의견을 물어보든가 해야 하지 않겠습니까?"

수아는 학급 회의의 **구색**(具色)⁰⁴⁶조차 갖추지 못한 채 회의가 진행되고 있는 상황을 콕 집어 말했습니다.

"아, 이게 뭐야! 반장! 제대로 회의를 진행하라고!"

그러자 다른 친구들도 불만을 **제기**(提起)⁰⁴⁷하기 시작했습니다. 지성이는 재준이를 보며 비웃는 듯한 웃음을 지었습니다.

'아! 쟤 뭐지? 지금 나 무시하나?'

지성이의 표정을 본 재준이는 기분이 더 나빴습니다.

"다 조용히 하라고! 너희가 뭔데 반장 말을 무시하냐? 친구들 놀리면 남아서 교실 청소하기로 해. 놀린 사람들은 내가 다 찾아낸다. 방금 나한테 뭐라고 한 사람들 다 나 놀린 거야."

화가 난 재준이는 그렇게 버럭 소리를 지르고는 교실 밖으로 나갔습니다. 병교가 재준이를 따라나서려는데 리나가 그런 병교를 붙잡았어요.

"놔둬. 내가 나가 볼게."

"네가 왜? 너 설마."

"이재준 좋아하냐고? 미쳤냐? 나 눈 그렇게 안 낮거든."

리나는 재준이를 쫓아 나갔습니다.

"야, 이재준, 이재준!"

재준이는 들은 척도 하지 않고 달려 나가고 있었습니다.

"이재준! 사람이 부르면 대답을 해야 할 거 아니야?"

"왜? 이제 속이 시원하냐? 네가 나 반장 뽑아 놔서 이 **사달**⁰⁴⁸이 난 거잖아."

"너 스마트폰 바꿨더라? 웃겨. 네가 원해서 해 놓고서는 힘드니까 괜히 나한테 이러니? 참, 너도 못났다."

"뭐야? 너 나한테 이러는 의도가 뭐야? 정수아 질투하는 거냐?"

"질투? 웃기네. 질투도 비슷한 사람한테 하는 거야. 내가 뭐가 모자라서 정수아를 질투하나?"라고 말하면서도 사실 리나의 마음속은 편치 않았습니다. 항상 당당해 보이는 수아가 못마땅했으니까요.

"이재준, 너 이런 식으로 가다가는 애들한테 평생 인정 못 받아. 내가 도와줄게."

"뭘 어떻게 도와준다는 건데? 네 도움 같은 거 필요 없으니까 내 옆에서 얼쩡거리지 말고 좀 들어가라."

"내가 네 말에 호응해 주고 네 쪽으로 분위기 끌어 주기만 하면 금방 제대로 된 반장 노릇할 텐데? 그럼 너 혼자 해 보든가."

"너 진짜 웃긴다. 나한테 이러는 이유가 뭐냐?"

"정수아."

"뭐?"

"우리 같이 정수아 왕따시키자."

"지금 무슨 말을 하는 거야?"

"아까 너 창피하게 한 것도 사실 정수아가 시작이잖아. 정수아만 잡아도 반 분위기는 너한테 유리하게 돌아갈 거야."

"그런 비겁한 짓은 하고 싶지 않아."

"그래, 그럼 계속 그렇게 허수아비 반장으로 지내던가."

리나는 교실로 들어갔습니다. 혼자 남은 재준이는 한숨을 푹 내쉬었습니다.

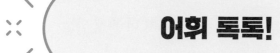

어휘 톡톡!

어휘의 뜻을 함께 살펴보고 어휘가 들어간 짧은 예문을 읽어 보세요.

041 **기세가 등등**(氣勢騰騰) : **기운 기**(氣), **형세 세**(勢), **오를 등**(騰)

기운이 매우 높고 힘찬 모양.

예) 영석이는 **기세등등**하여 주먹까지 휘둘렀다.

042 **거수**(擧手) : **들 거**(擧), **손 수**(手)

손을 위로 들어 올림. 찬성과 반대의 생각을 나타내는 경우에 쓰인다.

예) 이번 승부 결과는 **거수**로 결정하겠습니다.

043 **고작**

'기껏 따져 보거나 헤아려 보아야' 또는 '아무리 좋고 크게 평가하려

하여도 별것 아닌'이라는 뜻으로 쓰인다.

예) 네가 잘한다는 게 **고작** 이 낙서니?

044 > **개선**(改善) : **고칠 개**(改), **착할 선**(善)

잘못된 것이나 부족한 것, 나쁜 것 따위를 고쳐 더 좋게 만듦.

예) 이번에 새로 나온 휴대폰은 예전 휴대폰의 문제점을 **개선**해서 나온 거야.

045 > **대적**(對敵) : **대할 대**(對), **원수 적**(敵)

적이나 어떤 세력, 힘 따위와 맞서 겨룸. 또는 그 상대.

예) 나는 그 애가 **대적**도 안 되는 싸움을 치르고 있는 것이 아닐까 하는 걱정이 들었다.

046 > **구색**(具色) : **갖출 구**(具), **빛 색**(色)

여러 가지 물건을 고루 갖춤. 또는 그런 모양새.

예) 그래도 최소한의 **구색**을 갖추고 장사를 시작해야 하지 않겠니?

047 > **제기**(提起) : **끌 제**(提), **일어날 기**(起)

의견이나 문제를 내어놓음.

예) 수민이는 반론을 **제기**했다.

048 > **사달**

사고나 탈.

예) 기분이 찜찜하더라니 결국 **사달**이 났다.

한자 톡톡!
구

관련 어휘 046. '구색(具色)'

» '갖추다'를 뜻하는 구(具) «

 구비(具備) : **갖출 구**(具), **갖출 비**(備)

있어야 할 것을 빠짐없이 다 갖춤.

예) 서류가 **구비**된 사람만 나와서 접수하십시오.

 구현(具現) : **갖출 구**(具), **나타날 현**(現)

어떤 내용이 구체적인 사실로 나타나게 함.

예) 내가 상상했던 내용이 정말로 **구현**되면 행복하겠다.

 기구(器具) : **그릇 기**(器), **갖출 구**(具)

도구나 기계를 통틀어 이르는 말.

예) 공원에는 운동 **기구**가 아주 많이 있었다.

≫ '구원하다'를 뜻하는 구(救) ≪

 구국(救國) : **구원할 구**(救), **나라 국**(國)

위태로운 나라를 구하다.

예) 일제 강점기에 항일 **구국** 운동이 일어났다.

 구호(救護) : **구원할 구**(救), **도울 호**(護)

재해나 재난과 같은 어려움에 처한 사람을 도와주고 보호함.

예) 이 수익금은 이재민의 **구호**에 쓸 예정이다.

 구급(救急) : **구원할 구**(救), **급할 급**(急)

위급한 상황에서 구해 냄.

예) 만일을 대비해서 집에 **구급**상자를 놓아두는 게 좋다.

≫ '옛날'을 뜻하는 구(舊) ≪

 구면(舊面) : **예 구**(舊), **낯 면**(面)

예전부터 알고 있는 사람, 한 번 본 사람.

예) 그 사람이 어딘가 익숙해. **구면**인 것 같아.

구태의연(舊態依然) **: 옛 구**(舊)**, 모습 태**(態)**, 의지할 의**(依)**, 그럴 연**(然)

조금도 변하거나 발전한 데 없이 옛날 모습 그대로임.

예) 그런 **구태의연**한 생각으로 어떻게 일을 해 나갈 수 있겠는가?

 복구(復舊) **: 회복할 복**(復)**, 옛 구**(舊)

예전 상태로 돌려놓음.

예) 홍수로 인해 무너졌던 곳들의 **복구** 사업이 한창이다.

"선생님, 제 지갑이 없어졌어요."

리나의 목소리였습니다.

"아, 누구냐? 자백해라."

요즘 교실에서 도난 사건이 **우후죽순**(雨後竹筍)[049]으로 일어나고 있었습니다.

"이러다가 언젠가 **덜미 잡히지**[050]."

"선생님은 5반에서 이런 사건이 일어났다는 사실이 너무 슬프구나. 누구나 욕심이 날 수도 있고, 돈이 필요한 경우가 생길 수도 있어. 하지만 다른 사람의 것에 손을 대는 건 옳지 못한 방법이야. 내일 아침까지 선생님 책상 위에 올려놓았으면 좋겠다. 교실 문은 잠그지 않고 퇴근할게."

하지만 다음 날에도 지갑은 나타나지 않았고 사건은 **미궁**(迷宮)[051]으로 빠져 갔습니다.

"진짜 어떤 양심 없는 사람이 **시치미 뚝 떼고**[052] 있는 거냐?"

병교가 말했습니다. 사실 병교의 말은 반 친구들 대부분의 생각이기도 했습니다.

"미꾸라지 한 마리가 물을 흐린다더니. 어떤 도둑이 반 분위기를 흐리는 거야!"

재준이도 한마디 거들었어요. 리나의 지갑이 없어진 후로 반 분위기는 더 안 좋아졌습니다.

그때 리나는 지갑이 없어졌다는 말을 하다가 우연히 수아와 눈이 마주쳤을 때가 **불현듯**[053] 생각났어요. 리나가 수아를 보자 수아는 "난 아니야!"라고 하며 **단호(斷乎)하게**[054] 말했었거든요. 리나가 특별히 아무 말도 하지 않았는데 말이죠.

'수아가 반장 선거 때 내가 훼방 놓은 걸 알게 된 걸까? 그래서 나한테 복수한 걸까?'

리나는 그런 생각이 들면서 지갑을 훔쳐 간 범인이 수아라고 점점 확신하게 됐어요.

그런데 사실 리나의 지갑을 가져간 범인은 따로 있었어요. 리나의 지갑이 없어지던 날, 3교시는 체육 시간이었어요. 친구들은 다 운동장으로 나갔고, 그날 당번이었던 현수가 교실 문을 잠그기 위해 마지막으로 남아 있었어요. 수아는 깜빡하고 줄넘기를 안 가져와서 다시 교실로 들어가고 있었어요. 교실 문을 열고 들어가려고 하는 **찰나**[055], 현수가 리나의 가방에서 무언가를 꺼내는 게 보였습니다. 창문으로 보니 그건 바로 리나가 오늘 아침에 새로 샀다고 자랑하던 지갑이었습니다.

'뭐지? 현수가 왜…'

하지만 왠지 수아는 못 본 척을 해야 할 것 같았어요. 현수는 평소에 굉장히 바르고 성실하고 착한 친구였어요. 지갑을 훔칠 거라고는 상상하지도 못할 만한 친구였거든요. 수아는 찝찝한 마음이 들었지만 현수와 마주치지 않게 얼른 화장실로 들어갔습니다. 그리고 멀리서 다가오는 척했죠. 현수는 교실에서 나와 문을 잠그고 있었어요.

"어? 수, 수아야."

현수는 깜짝 놀란 표정으로 수아를 쳐다봤어요. 수아는 아무렇지도 않은 척 현수에게 말했어요.

"응, 줄넘기를 두고 와서. 미안한데 다시 문 좀 열어 줄 수 있어?"

"그, 그래."

수아는 하루 종일 현수를 바라보았어요. 리나가 지갑이 없어졌다고 할 때 현수는 자리에 앉아서 책을 보고 있었어요. 그때 리나가 수아를 쳐다보았어요. 깜짝 놀란 수아는 "난 아니야!"라고 말했는데 왠지 모르게 리나가 수아를 의심하는 눈초리였어요. 수아는 하루 종일 기분이 이상했어요. 친구들이 범인이 누구냐며 서로를 의심할 때 사실을 말해야 하나 말아야 하나 고민됐지만, 착하기만 한 현수를 한순간에 도둑으로 만들고 싶지는 않았어요. 아마 현수에게도 사정이 있을 거고, 시간이 필요할지도 모르니까요.

수업이 끝나고 현수는 급하게 교문을 빠져나갔어요. 수아도 현수를 뒤쫓아 갔어요. 현수는 마트로 들어갔어요.

'설마 군것질을 하려고 돈을 훔친 거야?'

수아가 쫓아오는지 모르는 현수는 과일 코너로 가더니 딸기를 골라 들었어요. 딸기를 계산하려고 꺼낸 지갑은 역시 리나의 지갑. 계산 후 마트를 나와 그 딸기를 들고는 현수는 종종걸음으로 또 어딘가로 가는 것이었어요.

'어디 가는 거지? 집에 가서 딸기를 먹으려고? 과자도 아니고, PC방에 가서 쓰는 것도 아니고, 도대체 딸기를 사 들고 어디 가는 거야?'

수아는 몸을 숨기며 현수를 따라갔어요. 현수는 한참을 걷더니 한 종합 병원 앞에 섰어요.

'병원? 어디 아픈가?'

"할머니! 왜 나와 있어? 내가 나오지 말랬잖아요."

현수가 어떤 할머니를 보더니 빠르게 달려갔어요. 현수의 할머니인 것 같았어요.

"빨리 들어가요. 내가 할머니가 먹고 싶다고 했던 딸기 사 왔어요"

"딸기? 이 녀석아! 요즘 딸기가 얼마나 비싼데 딸기를 사 와. 돈이 어디 있다고."

"내가 할머니 딸기 사 줄 돈이 없겠어요. 어서 들어가요."

현수가 부모님이 안 계셔서 할머니와 산다는 이야기는 들었어요. 수아는 현수를 쫓아갔고, 현수는 병원 엘리베이터에 할머니와 함께 탔어요. 엘리베이터에 따라 탈 수도 없고 여러 사람이 타니 몇 층에서 내리는지 알 수도 없는 상황이었어요. 엘리베이터 문은 닫혔고, 수아는 그냥 집으로 돌아가기로 결심했습니다. 혹시라도 병실에 올라가서 현수와 마주치게 된다면 현수가 기분 나빠할 게 분명했으니까요.

'현수 할머니가 많이 편찮으시구나. 현수는 할머니랑 사는데 할머니께서 혹시라도 잘못되시면 어떻게 되는 거지? 현수가 지갑 훔친 거 말 안 한 게 다행이다.'

수아는 현수가 지갑을 훔친 사실을 말하는 것은 마치 **판도라의 상자**[056]를 여는 것과 같을 거라는 생각이 들었어요.

어휘 톡톡!

어휘의 뜻을 함께 살펴보고 어휘가 들어간 짧은 예문을 읽어 보세요.

049 우후죽순(雨後竹筍) : 비 우(雨), 뒤 후(後), 대나무 죽(竹), 죽순 순(筍)

비가 온 뒤에 여기저기 솟는 죽순이라는 뜻. 어떤 일이 많이 생겨남을 비유적으로 표현한 말이다.

예) 아이스크림 가게가 **우후죽순**으로 생겼다.

050 덜미를 잡히다

덜미는 목덜미, 즉 몸과 아주 가까운 뒤쪽을 의미한다. '덜미가 잡혔다'라는 것은 못된 일 따위를 꾸미다가 들켰다는 뜻이다.

예) 문제집 답안지를 베끼던 용환이는 결국 엄마에게 **덜미**를 잡히고 말았다.

051 미궁(迷宮) : 미혹할 미(迷), 집 궁(宮)

나올 길을 쉽게 찾을 수 없는 곳. 또는 해결하기 힘든 문제.

예) 형사들은 도저히 증거를 찾을 수 없었다. **미궁**에 빠지게 된 것이다.

〈미궁과 관련된 그리스 로마 신화〉

그리스의 미노스 왕은 자신의 아내가 낳은 아들, 미노타우루스가 흉측하고 포악해서 가두기로 합니다. 그래서 다이달로스를 시켜 아무도 빠져나갈 수 없는 미궁을 만들라고 시켰지요. 다이달로스는 미궁을 만든 자신조차 모를 만큼 길을 아주 복잡하게 만들었어요. 미노스 왕은 미노타우루스를 가두고 전쟁에서 진 아테네 사람들을 잡아다가 먹이로 주었습니다. 그러다가 아테네의 왕자 테세우스가 미궁에 갇히게 됩니다. 다행히 미노스 왕의 딸인 아리아드네가 준 명주실을 들고 실을 풀며 들어간 덕에 그 실을 따라 다시 나올 수 있게 되었습니다. 풀기 어려운 문제가 있을 때 '미궁에 빠졌다'라고 표현하는 것은 여기서 유래된 것입니다.

052 › 시치미 떼다

알고도 모른 척 잡아떼거나 억지로 우기다.

예) **시치미를 뗀다고** 내가 모를 줄 알아?

053 › 불현듯

'혀다'는 '켜다'의 옛말이다. 따라서 불을 켜면 갑자기 환해지듯이 '어떤 일이나 생각이 느닷없이 떠오르다'라는 뜻을 갖게 되었다.

예) 영어 숙제를 하지 않았다는 사실이 **불현듯** 떠올랐다.

054 단호(斷乎)하게 : 끊을 단(斷), 어조사 호(乎)

결심이나 태도, 입장 따위를 딱 잘라서 결정할 줄 알고 엄격하다.

예) 나는 친구에게 함께 청소하자고 했으나 친구는 **단호하게** 거절했다.

055 찰나

바로 그때, 순간, 극히 짧은 시간. 1찰나는 75분의 1초.

예) 음료수를 마시려는 **찰나에** 선생님께서 들어오셨다.

〈찰나의 유래 이야기〉

어느 날 젊은 사람 둘이서 가는 명주 한 올을 양쪽 끝을 잡고 당긴 후 칼로 끊었답니다. 그랬더니 그 명주실이 끊어지는 시간이 64찰나였다고 해요. 찰나가 얼마나 짧은 시간을 말하는지 짐작할 수 있겠죠?

|TIP| 짧은 시간을 나타내는 다른 말

➜ **순식간**(瞬息間) : **깜짝일 순**(瞬), **쉴 식**(息), **사이 간**(間)

순식간이란 눈을 한 번 감았다 뜨거나 숨을 한 번 내쉬고 들이마시는 시간을 말한다.

➜ **별안간**(瞥眼間) : **깜짝할 별**(瞥), **눈 안**(眼), **사이 간**(間)

언뜻 스쳐 지나듯 보는 정도의 짧은 시간.

모르는 게 좋을 금기 사항, 궁금하지만 알면 오히려 좋지 않은 것을 뜻한다.

예) 넌 몰라도 되니까 **판도라의 상자**를 열려고 하지 마.

〈판도라의 상자 이야기〉

제우스는 대장장이 신 헤파이스토스를 불러 여자 인간을 만들라고 했고, '판도라'가 탄생했습니다. 제우스는 판도라의 탄생을 축하하며 상자 하나를 주면서, 절대 열어 보지 말라고 경고했어요. 판도라는 프로메테우스의 동생과 결혼해 행복하게 살았지만, 호기심을 참지 못하고 그 상자를 열었지요. 상자 안에서 욕심, 질투, 시기 그리고 각종 질병 등이 빠져나갔고 깜짝 놀란 판도라는 급히 상자를 덮었지만 상자 안에는 무언가 남아 있었는데, 그것이 바로 '희망'이랍니다. 그래서 인간 세상에는 많은 힘든 일이 있지만, 사람들은 희망을 가지고 살아가고 있다고 해요.

한자 톡톡!
| 대 |

» '크다'를 뜻하는 대(大) «

 대망(大望) : **클 대**(大), **바랄 망**(望)

큰 희망을 뜻한다.

예) 어린이들이 **대망**을 품도록 도와주어야 한다.

 대중(大衆) : **클 대**(大), **무리 중**(衆)

여러 사람 혹은 수많은 사람의 무리.

예) 연예인은 **대중**의 인기를 먹고 사는 직업이다.

» '띠'를 뜻하는 대(帶) «

 휴대(携帶) : **이끌 휴**(携), **띠 대**(帶)

손에 들거나 몸에 지님.

예) 요즘 **휴대**용 물건이 인기다.

연대(連帶) : **잇닿을 연**(連), **띠 대**(帶)

서로 연결함. 또는 두 사람 이상이 함께 책임지는 것을 이른다.

예) 너희는 **연대** 책임을 지도록 해라.

 대동(帶同) : **띠 대**(帶), **한가지 동**(同)

어떤 모임이나 행사에 함께 데리고 감.

예) 부모님을 **대동**하고 오면 다니?

» '무리'를 뜻하는 대(隊) «

 대열(隊列) : **무리 대**(隊), **벌일 열**(列)

줄을 지어 늘어선 행렬.

예) 내 짝꿍이 우리 반 **대열**의 제일 앞에 섰다.

 대원(隊員) : **무리 대**(隊), **인원 원**(員)

한 무리를 이루고 있는 사람 중의 한 명.

예) 우리 할아버지는 남극 탐험대의 **대원**이셨다.

왕따가 된 수아

다음 날 아침, 수아가 학교에 갔을 때 반 분위기가 이상했습니다.

"그러니까 수아가 그랬다는 거지?"

"그렇다니까."

"걔네 집 못살아?"

"걔가 하고 다니는 건 딱히 가난한 것처럼 보이지는 않던데."

신발장에 실내화를 넣으며 교실 안에서 들려오는 소리를 듣고 수아는 직감했습니다. 친구들의 **구설수**(口舌數)**057**에 올라 있다는 것을, 어제 아니라고 단호하게 대답했던 것 때문에 오히려 범인이 수아라고 생각하게 되었다는 것을 말이죠. 수아가 자신의 지갑을 훔쳐 갔다고 오해한 리나가 소문을 퍼뜨린 게 분명했습니다. 수아는 **의연**(毅然)**하게058** 대처해야겠다고 생각했습니다. 리나 입장에서 보면 그렇게 생각할 수도 있겠다는 생각이 들었으니까요.

'**고의**(故意)**로059** 그런 것도 아닌데 뭐. 오해할 수도 있지. 친구들한테 아니라고 하면 될 거야.'

하지만 수아가 교실로 들어섰을 때, 분위기가 심상치 않았습니다.

"너희들 방금 이야기하고 있는 거 다 들었어. 그런데 난 리나 지갑 안 훔쳤어."

"그러면 도둑이 훔쳤다고 하냐?"

리나가 말하자 다른 친구들도 "맞아!"라고 외쳤습니다.

"너 설마 동생이 장애인이라서 그러는 거야?"

"뭐? 그거랑 지갑이랑 무슨 상관이야?"

사실 수아의 동생에게 장애가 있다는 사실은 수아의 가장 큰 **아킬레스건**[060]이기도 했습니다.

"지금 너희들 뭐라고 한 거야?"

"우리가 무슨 말을 했다고?"

다연이와 리나, 지영이는 모른 척 자기 자리로 돌아갔습니다. 수아가 지갑을 훔친 범인으로 오해받고 친구들에게 따돌림받는 것을 보며 현수는 마음이 편하지 않았습니다. 하지만 현수는 **모르쇠**[061]로 일관했습니다. 수아는 범인이 현수라는 사실을 말해 버릴까 하다가 참았습니다. 현수가 할머니께 기쁘게 딸기를 내어놓던 모습이 머릿속에서 지워지지 않았기 때문이었습니다. 한편 수아와 리나 옆에서 이 상황을 지켜보고 있던 재준이는 어제 리나가 했던 제안이 솔깃하게 느껴지기 시작했습니다.

'이런 분위기라면 지난번 리나가 했던 제안도 쓸 만한데?'

'아냐. 괜한 문제에 **개입**(介入)[062]해서 나만 골치 아파질 수도 있어.'

쉬는 시간, 화장실에는 여자아이들이 **삼삼오오**(三三五五)[063] 모여 있었습니다.

"정수아 정말 뻔뻔하지 않냐? 내 지갑 훔쳐 갔으면서 아니라고 말하는 거? 그리고 아무렇지도 않은 척 저렇게 교실에 앉아 있잖아."

"그런데 수아가 훔쳐 간 거 확실해? 저렇게 아니라고 하는 거 보면 아닌 거 아냐? 우리가 친구를 함부로 의심하고 있는 게 아닌가 해서." 세진이가 말했습니다.

"그럼 내가 거짓말하고 있다는 거야? 어제 옆 반에 있는 내 친구가 체육 시간에 수아가 다른 아이들 다 나갔는데 혼자 교실로 들어가는 것도 봤다잖아."

세진이에게 쏘아붙이고 복도로 나간 리나는 화장실에 갔다 돌아오던 재준이와 마주쳤습니다.

"이재준, 너 수아 짝이잖아. 수아 거 핸드크림 가져다가 화장실 변기통에 좀 넣어 버릴래?"

"최리나! 너 너무하는 거 아니냐?"

"싫으면 됐고."

리나는 교실로 들어갔습니다. 그리고 친구들에게 또다시 말하기 시작했습니다.

"반장이 이래서야 되겠냐? 친구가 지갑을 잃어버리고 범인이 누군지 찾지도 못하는 상황에서 저렇게 손 놓고 있어도 되는 거냐고. 정말 책임감 없는 거 같아."

"맞아. 재준이가 반장이 되고 나서 우리 반이 제대로 돌아가는 게 없어."

그때 교실에서 방귀 소리가 '뿡' 났습니다.

"하하하, **신성**(神聖)**한**[064] 교실에서 웬 방귀 소리?"

"누구겠냐, 이재준이지."

"하하하."

재준이는 리나가 친구들을 동원하는 모습을 보면서 참을 수 없었습니다. 하지만 잘 활용하면 리나만큼 도움이 될 만한 친구가 없을 것 같다는 생각도 들었습니다.

'그래, 내가 정수아와 원래 사이가 좋았던 것도 아니고. 최리나가 원하는 거, 그까짓 거 한번 해 주자.'

쉬는 시간, 수아가 화장실을 간 틈을 타 재준이는 수아 책상 위에 있던 핸드크림을 살짝 호주머니에 넣었습니다. 그리고 화장실로 갔지요.

'남자 화장실 변기에 넣으면 남자 중에서 의심받겠지? 여자 화장실 변기에 넣어 놔야 혹시 누가 찾더라도 수아 본인이 빠뜨려 놓고 착각한 거 아니냐고 둘러댈 수 있지.'

그리고 몇 분 후 교실은 **쑥대밭**[065]이 되었습니다.

"수아 핸드크림 본 사람?"

수아는 핸드크림이 없어지자 담임 선생님께 도움을 청했고, 선생님은 친구들에게 수아의 핸드크림을 찾아오라고 말씀하셨습니다.

"자기가 자기 물건 관리 못한 게 잘못 아니야?"

"그러니까 말이야. 가방 안에 넣어 놓아야지 왜 밖에 꺼내 놓은 거야?"

"자기가 어디 딴 데 두고 못 찾는 거 아니야?"

"아, 정말 누구 때문에 반 분위기 엉망이네."

리나를 비롯한 그 주변 아이들이 싸늘하게 반응했습니다. 리나는 재준이를 바라보며 빙긋 웃었습니다.

급식 시간이 되자 수아 옆에는 아무도 앉지 않았습니다. 수아가 말을 걸면 대부분 무시하기 일쑤였습니다.

"자, 숙제로 모둠별 조사를 해 오도록 하세요. 각 모둠원들이 역할을 나누는 게 좋겠어요."

"선생님, 꼭 다 같이 해야 하나요?"

"당연하죠."

"우리 집에 모여서 조사할래? 수요일 빼고는 다 되는데."

수아가 모둠원 친구들에게 물었습니다.

"우리는 수요일밖에 안 되거든. 그럼 수아 넌 못 하겠다. 수아는 바쁘니까 우리끼리 우리 집에 모여서 하자. 재준이 너도 그렇지?"

"으응? 그렇지."

"봐. 반장님이 그렇다고 하잖아."

'반장님? 이거 태도가 달라졌는데?'

리나가 말하자 다른 친구들도 다 같이 동의했어요.

담임 선생님은 지금 상황이 어느 정도 읽혔습니다. 수아가 슬그머니 여자 친구들에게서 **배제**(排除)[066]되고 있다는 사실을 말이에요. 이런 따돌림은 고학년 여자아이들의 **보편적**(普遍的)[067]인 특성이기도 했지만, 원하는 것을 얻기 위해서는 수단과 방법을 가리지 않아도 된다는 **가치관**(價值觀)[068]이 아이들에게 자리 잡혀 가고 있는 것 같아 마음이 씁쓸했습니다.

어휘 톡톡!

어휘의 뜻을 함께 살펴보고 어휘가 들어간 짧은 예문을 읽어 보세요.

057 구설수(口舌數) : 입 구(口), 혀 설(舌), 셈 수(數)

말을 잘못해서 어려운 일을 겪는 것. 수(數)는 여기서는 '운수'라는 뜻이다. 말을 뱉고 나면 다시 주워 담을 수가 없다. 쓸데없는 한마디 말로 인해 오랫동안 여러 사람의 입방아에 오르내리는 것은 정말 괴로운 일이다.

예) 쓸데없는 **구설수**에 오르지 않으려면 말을 아껴야 한다.

| TIP | 말과 관련된 사자성어

➜ **감언이설**(甘言利說) : 달 감(甘), 말씀 언(言), 이로울 이(利), 말씀 설(說)

　귀가 솔깃하도록 남의 비위에 맞춰 달콤하고 좋은 조건을 내세우면서 남을 속이고 꾀어내는 말.

➜ **거두절미**(去頭截尾) : 버릴 거(去), 머리 두(頭), 끊을 절(截), 꼬리 미(尾)

　앞과 뒤를 빼놓고 요점만 말함.

➜ **교언영색**(巧言令色) : 공교할 교(巧), 말씀 언(言), 좋을 영(令), 빛 색(色)

교묘한 말과 얼굴빛으로 다른 사람의 마음을 사려 함.

➡ **어불성설**(語不成說) : **말씀 어**(語), **아닐 불**(不), **이룰 성**(成), **말씀 설**(說)

말도 안 되는 말.

➡ **언중유골**(言中有骨) : **말씀 언**(言), **가운데 중**(中), **있을 유**(有), **뼈 골**(骨)

말 속에 뼈가 있다는 뜻. 무슨 말을 하는데 그 속에 감춰 둔 뜻이 느껴질 때 이 말을

쓴다.

(058) **의연**(毅然)**하게 : 굳셀 의**(毅), **그럴 연**(然)

의지가 굳세어서 *끄떡없이.*

예) 호민이는 온갖 어려움에도 불구하고 **의연하게** 버텼다.

(059) **고의**(故意)**로 : 연고 고**(故), **뜻 의**(意)

'일부러, 억지로'라는 뜻으로 의도를 품고 하는 것.

예) 내가 그런 것은 **고의로** 그런 게 아니었어.

(060) **아킬레스건**

발꿈치에 붙은 굵고 강한 힘줄을 가리키는 의학 용어. 치명적인 약점

을 비유적으로 이르는 말.

예) 내가 회장님의 **아킬레스건**을 알려 줄 테니까 잘 공략해 봐.

〈아킬레스건의 유래 이야기〉

아킬레스는 바다의 여신 테티스의 아들입니다. 테티스는 아들 아킬레스를 영원히 죽지 않는 완벽한 아이로 만들기 위해 스틱스 강에 아들을 씻겼어요. 하지만 아들의 발뒤꿈치 부분을 손으로 잡고 목욕시키는 바람에 발뒤꿈치 부분이 절대적인 약점으로 남게 되었죠. 아킬레스의 약점을 모르는 트로이 군대는 강력한 아킬레스에게 속수무책으로 당했습니다. 하지만 포세이돈은 아킬레스 때문에 고심하던 트로이의 왕자 파리스에게 아킬레스의 약점을 알려 줍니다. 결국 발뒤꿈치에 화살을 맞은 아킬레스는 그대로 전사하고 맙니다. 여기서 발꿈치의 힘줄을 가리키는 '아킬레스건'이라는 말이 나왔고, 약점을 뜻하는 말이 되기도 했습니다.

061 ▷ 모르쇠

아는 것이나 모르는 것이나 다 모른다고 잡아떼는 것.

예) 민지는 이번 교내에서 일어난 사건에 대해 아는 바가 없다고 **모르쇠**를 잡았다.

062 ▷ 개입(介入) : 낄 개(介), 들 입(入)

자신과 직접적인 관계가 없는 일에 끼어듦.

예) 자꾸 친구랑 내 문제에 **개입**하지 마.

063 삼삼오오(三三五五) : 석 삼(三), 다섯 오(五)

서너 사람 또는 대여섯 사람이 떼를 지어 다니거나 무슨 일을 함. 또
는 그런 모양을 가리키는 말이다.

예) 친구들이 놀이터에서 **삼삼오오** 모여 이야기를 하고 있었다.

064 신성(神聖)한 : 신 신(神), 성스러울 성(聖)

함부로 가까이할 수 없을 만큼 성스럽고 고결한.

예) 절에서 해마다 **신성한** 의식이 이루어졌다.

065 쑥대밭

쑥이 무성하게 우거져 있는 거친 땅이라는 뜻으로, 매우 어지럽거나
못 쓰게 된 모양을 표현한 말이다.

예) 깡패가 다녀간 이후 우리 집은 **쑥대밭**이 되었다.

066 배제(排除) : 밀칠 배(排), 덜 제(除)

받아들이지 않고 제외시킴.

예) 폭력은 **배제**된 상태에서 시작해야 한다.

067 보편적(普遍的) : 넓을 보(普), 두루 편(遍), 과녁 적(的)

모든 것에 일반적으로 두루 미치거나 통하는, 혹은 그러한 것을 가리

키는 단어입니다.

예) 이 아이의 행동은 초등학생이면 **보편적**으로 보이는 모습입니다.

068 가치관(價値觀) : **값 가**(價), **값 치**(値), **볼 관**(觀)

무엇이 옳고 그른지 평가하고 가치를 매길 때 필요한 생각, 관점.

예) 사람은 자신의 **가치관**에 따라 무엇이 옳다고 결정하고 행동한다.

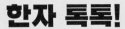

한자 톡톡!
| 신 |

관련 어휘 064. '신성(神聖)한'

» '몸'을 뜻하는 신(身) «

 신장(身長) : 몸 신(身), 길 장(長)

사람이나 동물이 똑바로 섰을 때의 몸의 길이, 키.

예) 두 사람은 **신장** 차이가 많이 난다.

 신변(身邊) : 몸 신(身), 가장자리 변(邊)

몸과 몸의 주위.

예) **신변**의 위협을 느낀 그는 경찰에게 보호를 요청했다.

» '믿다'를 뜻하는 신(信) «

 소신(所信) : 바 소(所), 믿을 신(信)

굳게 믿는 바.

예) 나보다 강한 사람 앞이라도 내 **소신**을 굽히지 않겠다.

신빙성(信憑性) : 믿을 신(信), 기댈 빙(憑), 성품 성(性)

믿음에 기대 증거나 근거로 사용할 수 있는 성질.

예) 평소에 믿음이 가던 사람이 말해야 **신빙성**이 생긴다.

≫ '새롭다'를 뜻하는 신(新) ≪

 신록(新綠) : 새 신(新), 푸를 록(綠)

늦은 봄이나 초여름에 새로 나온 잎의 푸른 빛.

예) **신록**이 우거진 여름 숲이 나를 반겼다.

 신설(新設) : 새 신(新), 베풀 설(設)

새로 설치되거나 마련됨.

예) 새로운 아파트 단지에는 **신설** 학교가 많다.

≫ 알리다, 펴다, 거듭'의 뜻을 가진 신(申) ≪

 신문고(申聞鼓) : 알릴 신(申), 들을 문(聞), 북 고(鼓)

조선 시대에 백성이 억울한 일을 하소연할 때 치게 하던 북.

예) 국가와 각종 기업에서는 **신문고** 제도를 운영하고 있다.

보기

| 고작 | 구설수 | 구호 | 기세가 등등 |

| 대열 | 대중 | 모르쇠 | 미궁 | 복구 |

| 불현듯 | 삼삼오오 | 시치미 | 신빙성 |

| 우후죽순 | 의연하게 | 제기 |

1. 어쭈, 너 아주 (   )하다?

2. (   ) 이러려고 그 비싼 볼펜들을 샀니?

3. 동현이가 반론을 (   )하자 다들 동의했다.

4. 동민이는 봉사활동에 가서 지진 이재민 (   )를 도왔다.

5. 시스템 (   )를 위해 며칠간 홈페이지에 접속할 수 없습니다.

6. 무인 아이스크림 가게가 (   )으로 생겼다.

7. (　　　　)에 빠지기라도 한 듯 정답을 알 수 없었다.

8. 상혁이는 아이스크림을 먹어 놓고 (　　　　)를 뗐다.

9. 주현이는 (　　　　) 집에 휴대폰을 두고 왔단 걸 떠올렸다.

10. 연예인은 (　　　　)의 인기를 먹고 사는 직업이다.

11. 얘들아, (　　　　)에 맞춰서 가지런히 줄을 서야지!

12. 연서는 (　　　　)에 휘말리지 않으려 말을 아꼈다.

13. 재준이는 시험을 망쳤지만 (　　　　) 다음 시험 준비를 했다.

14. 지성이는 우유를 엎지르고도 (　　　　)로 일관했다.

15. 현수, 지민이, 진형이가 (　　　　)모여 놀고 있다.

16. 거짓말쟁이의 말에는 (　　　　)이 하나도 없다.

| 정답 | 1. 기세가 등등 2. 고작 3. 제기 4. 구호 5. 복구 6. 우후죽순 7. 미궁 8. 시치미 9. 불현듯 10. 대중 11. 대열
12. 구설수 13. 의연하게 14. 모르쇠 15. 삼삼오오 16. 신빙성

"단원 평가 시험 점수가 나왔어요. 각자에게 시험지 나눠 줄 테니까 자기 점수 확인하고 잘못 채점되어 있는지 확인해 보세요."

지성이는 앞에 앉아 있는 재준이의 시험지를 슬쩍 보았어요. 재준이의 시험지에는 빨간 비가 **난무**(亂舞)[069]하고 있었어요.

'쳇, 저런 애한테 반장 선거에서 지다니.'

"이재준. 넌 그게 점수냐?"

"뭐야! 왜 남의 시험지를 보고 난리야?"

"보이는 걸 어떡하라고. 됐다, 됐어. 대적할 만한 상대여야 대적을 하지."

"너 지금 뭐라 그랬냐?"

"성적을 그따위로 받으면서 반장하는 건 **철면피**(鐵面皮)[070]라고 생각한다고 했다."

"나랑 해보자는 거야? 점심시간에 아파트 지하 주차장으로 나와."

"야, 수업 끝나기 전에는 학교 밖으로 나가면 안 되거든?"

"무섭다는 거지?"

"덩치로 위협하면 다냐? 그래, 해보자. 해봐!"

재준이와 지성이는 쉬는 시간 선생님의 눈을 피해 아파트 지하 주차장으로 갔습니다. 학교 내에서 싸우는 건 아무래도 안 된다고 생각했나 봐요. 재준이가 먼저 지성이를 주먹으로 한 대 쳤습니다. 지성이는 준비할 틈도 없이 한 대 맞고 말았어요. 그리고 나서는 누가 먼저

랄 것도 없이 서로 이리 치이고 저리 치이며 싸우기 시작했어요.

"어머머! 너희들 뭐 하니?"

주차장을 지나가고 있던 한 아주머니께서 깜짝 놀라 뛰어오셨습니다.

"너희들 지금 이 시간에 왜 학교 밖에 나와서 싸우고 있는 거니? 당장 학교로 돌아가!"

아주머니께서 싸움을 말리셨고 지성이와 재준이는 학교로 돌아갔습니다. 그리고 담임 선생님께 불려 갔습니다.

"너희들 어떻게 된 거니? 도대체 어떻게 쉬는 시간에 학교 밖에 나가서 싸울 수가 있니? **자초지종**(自初至終)**071**을 설명해 봐."

지성이와 재준이는 반성문을 쓰고 한참을 혼나야 했습니다. 그렇게 문제가 해결된 듯 보였습니다. 하지만 하교 후, 지성이의 아버지가 담임 선생님에게 전화를 했습니다.

"선생님, 우리 지성이가 맞고 왔더라고요. 남자애들끼리 사소하게 다툴 수도 있다고 생각하지만, 이런 폭력 건은 처리를 확실히 해야 한다고 생각합니다."

"네. 지성이 아버님, 제가 먼저 연락을 드리려고 했는데 회의가 늦어져서 연락이 늦었습니다. 저도 굉장히 당황했습니다. 그런데 아이들과 이야기를 나눠 본 결과 서로 화해했고 넘어가기로 했거든요."

"넘어갈 문제가 있고 짚어야 할 문제가 있습니다. 선생님, 저는 이 문제를 학교폭력위원회에 **회부**(回附)⁰⁷²해야 한다고 생각합니다. 저희 지성이도 잘못한 점이 있겠죠. 하지만 지성이가 거의 일방적으로 맞은 것 같아 속상한 것도 사실입니다. 정확하게 처리하고 넘어가고 싶습니다. 학교폭력위원회에 접수하겠습니다."

학교 운영위원장이었던 지성이 아버지는 지성이가 맞고 들어오자 너무도 화가 났고, 학교폭력위원회를 열어 재준이를 제대로 처벌하려는 **심산**(心算)⁰⁷³이었어요. 이렇게 지성이와 재준이의 싸움으로 인해 교장 선생님, 담임 선생님, 지성이와 재준이의 부모님, 학교폭력 업무 담당 선생님, 학교 운영위원 등이 모여 학교폭력위원회까지 열리게 되었어요.

"지성이가 먼저 재준이의 자존심을 상하게 한 건 사실입니다. 그게 싸움이 시작된 원인인 거죠. 지성이가 언어폭력을 먼저 시작했다고 생각합니다."

"지금 **쟁점**(爭點)⁰⁷⁴이 무엇인지 정확하게 합시다. 중요한 것은 누가 먼저 물리적 폭력을 사용하였는가입니다. 폭력은 어떤 이유에서든 **응징**(膺懲)⁰⁷⁵해야 한다고 생각합니다."

양쪽의 의견이 팽팽했고 결국 지성이와 재준이 모두 봉사 30시간과 공개 사과 등의 처벌을 받으며 끝이 났습니다. 그리고 교장 선생님은 5학년 5반의 담임이 이서윤 선생님을 불렀습니다.

"5학년이 되고 **분쟁**(紛爭)⁰⁷⁶이 끊이지 않습니다. 민원이 속출(續

出)⁰⁷⁷하고 있어요. 도대체 5반은 어떻게 지도하기에 이런 식으로 학급이 운영되고 있는 겁니까? 5반은 아주 **난장**(亂場)**판**⁰⁷⁸입니다!"

"네, 죄송합니다."

선생님 역시 속이 상할 대로 상해 있었습니다. 사실 이서윤 선생님은 그 누구보다도 열정적으로 노력하고 있었으니까요. 5반 친구들의 갈등의 깊이만큼 담임 선생님의 고민 역시 깊어만 갔습니다.

어휘 톡톡!

어휘의 뜻을 함께 살펴보고 어휘가 들어간 짧은 예문을 읽어 보세요.

069 난무(亂舞) : **어지러울 난**(亂), **춤출 무**(舞)

엉킨 듯이 어지럽게 추는 춤. 또는 함부로 나서서 마구 날뛰는 것을
말하기도 한다.

예) 우리는 눈꽃이 **난무**하고 있는 운동장을 걸었다.

　 폭력이 **난무**하는 세상이 슬프다.

070 철면피(鐵面皮) : **쇠 철**(鐵), **낯 면**(面), **가죽 피**(皮)

쇠로 만든 낯가죽, 얼굴이라는 뜻으로, 염치가 없고 뻔뻔스러운 사람
을 이르는 말.

예) 그렇게 잘못을 하고도 아무렇지 않게 지내다니 **철면피**야.

071 자초지종(自初至終) : **스스로 자**(自), **처음 초**(初), **이를 지**(至),
마칠 종(終)

처음부터 끝까지의 과정.

예) 나는 엄마에게 학교에서 친구와 싸우게 된 **자초지종**을 설명했다.

072 회부(回附) : **돌아올 회**(回), **붙을 부**(附)

물건이나 사건을 어떤 과정으로 넘김.

예) 그 남자는 결국 재판에 **회부**되었다.

073 심산(心算) : **마음 심**(心), **셈 산**(算)

마음으로 하는 계산, 속셈.

예) 우린 맨 처음에는 빈 깡통이나 주워 팔 **심산**으로 쓰레기를 줍기 시작했었지.

074 쟁점(爭點) : **다툴 쟁**(爭), **점 점**(點)

서로 다투는 중심이 되는 이유나 주제. 최근에는 '이슈'라는 외래어가

많이 쓰이기도 한다.

예) 그 문제의 **쟁점**은 정치와 관련이 있다.

075 응징(膺懲) : **받을 응**(膺), **혼날 징**(懲)

잘못을 깨우쳐 뉘우치도록 처벌하거나 징계함.

예) 친일파는 **응징**을 받아야 한다고 생각합니다.

(076) 분쟁(紛爭) : 어지러울 분(紛), 다툴 쟁(爭)

어지럽게 다투다. 즉 말썽을 일으키고 시끄럽고 복잡하게 다툼.

예) 가정 내에서 **분쟁**이 일어나는 것은 참 슬픈 일이다.

(077) 속출(續出) : 이을 속(續), 날 출(出)

잇따라 나오다.

예) 이번 경기에서는 신기록이 **속출**하고 있다.

(078) 난장(亂場)판 : 어지러울 난(亂), 마당 장(場)

여러 사람이 어지럽게 뒤섞여서 떠들어 뒤죽박죽 엉망이 된 상태.

예) 병아리가 교실에 들어오면서 **난장판**이 되어 버렸다.

〈난장판의 유래 이야기〉

옛날에 관리를 등용하는 시험인 과거를 치르기 위해 전국 각지의 양반집 자제들이 시험장으로 몰려들었어요. 수많은 선비가 모여 질서 없이 떠들어 대던 과거 마당을 '난장'이라고 불렀습니다. 과거 시험장의 난장처럼 뒤죽박죽 얽혀 정신이 없는 상태를 '난장판'이라고 합니다.

➔ **대책**(對策) : 대답할 대(對), 꾀 책(策)

대책은 과거 시험에서 인재를 뽑는 시험 방법 중 하나였다. 책(策)은 종이가 없던 때에 글씨를 쓰던 대나무 조각을 말한다. 즉 대책은 '시험 문제에 대한 답'을 의미했으나 이제는 어떤 일에 대처할 계획이나 수단을 뜻한다.

예) **대책**을 세워야 할 거 아니야.

➔ **낙방**(落榜) : 떨어질 낙(落), 방 붙일 방(榜)

과거 시험 후 채점이 끝나면 합격자 명단을 써서 붙인다. 합격자 명단이 적힌 종이를 방(榜)이라고 했다. 낙방은 이 방에 이름이 오르지 못하고 떨어졌다는 것을 의미한다.

예) 시험에 **낙방**하면 창피해서 어떻게 가족들 얼굴을 보겠니?

한자 톡톡!
| 가 |

관련 어휘 068. '가치관(價値觀)'

≫ '노래'를 뜻하는 가(歌) ≪

 가무(歌舞) : **노래 가**(歌), **춤출 무**(舞)

노래와 춤.

예) 우리는 **가무**를 즐기며 스트레스를 풀곤 했다.

 가요(歌謠) : **노래 가**(歌), **노래 요**(謠)

널리 대중이 즐겨 부르는 노래.

예) 라디오에서 **가요**가 흘러나왔다.

≫ '더하다'를 뜻하는 가(加) ≪

 가담(加擔) : **더할 가**(加), **멜 담**(擔)

한편이 되어 일을 함께 함.

예) 그는 젊은 시절에 독립운동에 **가담**했었다.

증가(增加) : **더할 증**(增), **더할 가**(加)

수량이 더 많아짐.

예) 내가 살고 있는 도시는 인구가 꾸준하게 **증가**하였다.

» '옳다'를 뜻하는 가(可) «

 가결(可決) : **옳을 가**(可), **결단할 결**(決)

의견이나 안건을 합당하다고 결정함.

예) 회의에서 만장일치로 **가결**되었다.

 인가(認可) : **알 인**(認), **옳을 가**(可)

인정하여 허가함.

예) 이곳에 고층 건물을 짓는 것을 정부가 **인가**했다.

 가능(可能) : **옳을 가**(可), **능할 능**(能)

할 수 있거나 될 수 있음.

예) 우리는 **가능**한 방법은 다 시도해 보았다.

» '값'을 뜻하는 가(價) «

 정가(定價) : 정할 정(定), 값 가(價)

물건의 정해진 값.

예) 저희는 **정가**대로만 판매하기 때문에 할인해 드릴 수 없습니다.

 가치(價値) : 값 가(價), 값 치(値)

사물의 유용성이나 중요성의 정도. 얼마나 쓸모 있는가를 말한다.

예) 물건의 **가치**는 사람에 따라 다르다.

반에 생긴 고민 상자 ✏️

선생님은 우리 반에
갈등, 따돌림이 만연하고 있어서
가슴이 아파요.

여기에 어떤 고민이라도 좋으니
넣어 줘요.
선생님이 해결해 줄게요.

고민상자

괜히 친구만
이르는 꼴...

말했다가
괜히 혼날 거
같은데...

아, 우리 반
이상해...

웃기시네
무슨 고민 해결이야

선생님은 수아가 여학생들 사이에서 따돌림을 당하고 있다는 사실을 알고 있었습니다. 재준이가 반장이 되면서 지성이의 불만이 하늘을 찌르고 있다는 사실도, 리나의 지갑이 없어졌지만 다시 제자리로 돌아오지 않은 사실도 모두 말이죠. 다 선생님의 책임인 것만 같았습니다. 선생님은 고민하기 시작했어요. 그리고 하나의 방법을 시도해 보기로 마음먹었습니다.

다음 날 아침, 5반 친구들은 자리에 앉아 1교시를 준비하고 있었습니다. 선생님은 진지하게 이야기를 시작했어요.

"갈등, 다툼, 따돌림이 우리 반에 **만연**(蔓延)[079]하고 있어서 선생님은 마음이 무척 아픕니다. 그리고 몸이나 마음이 다친 사람이 생길까 봐 **우려**(憂慮)[080]가 됩니다. 아무리 공부를 잘하고 사회에서 높은 사람이 되더라도 함께 사는 세상에서 서로를 감싸 주는 것보다 서로에게 상처를 주는 것이 익숙한 사람이라면 결국 행복해지기 힘들어요. 선생님은 여러분이 행복한 학교생활을 했으면 좋겠고, 어른이 되고도 사람들과의 사랑 속에서 행복을 느낄 수 있는 사람이면 좋겠어요. 그래서 고민 끝에 선생님이 만든 게, 바로 이거예요."

선생님은 예쁘게 포장된 상자를 꺼냈어요. 그 상자에는 '고민 상자'라고 적혀 있었어요.

"자기 고민 써서 넣는 거예요?" 리나가 물었어요.

"그렇지. 물론 고민이 있을 수도 있고 없을 수도 있죠. 또 같은 고민이더라도 어떤 사람에게는 사소할 수도 있고, 어떤 사람에게는 심각할 수도 있어요. 힘든 일, 짜증 나는 일, 불만스러운 일, 그냥 **넋두리**[081]라도 좋아요. 선생님이 도와줄게요. 물론 고민이 생겼을 때 다른 사람에게 그 고민을 털어놓는다는 것은 용기가 필요한 일이기도 해요. 하지만 두려움을 **무릅쓰고**[082] 고민을 얘기한다면 분명히 마음이 훨씬 편안해질 거예요. 선생님은 고민을 받아 보고 가장 **시급**(時急)[083]해 보이는 문제부터 해결해 볼 생각이에요. 여러분이 고민 상자에 고민을 넣었다는 말은 마음을 열어 고민을 해결하려고 하는 의지가 있다는 말이고, 도움을 필요로 한다는 신호거든요. 그때는 선생님이 좀 더 쉽게 고민을 신청한 친구의 마음에 다가갈 수 있을 겁니다. 또 그 고민은 우리 반의 분위기, 더 나아가 우리나라 초등학생들의 마음을 **반영**(反映)[084]하고 있는 것이기도 하지요."

고민 상자 옆에는 고민 종이가 함께 놓여 있었어요. 관심 없는 척했지만 수아도, 현수도, 재준이도, 리나도, 지성이도 눈길은 고민 상자에 향해 있었습니다.

'선생님은 다 해결해 주지도 못하면서 오히려 혼내시는 거 아니야?' 재준이가 생각했어요.

'이러면 괜히 내가 친구 이르는 꼴이 되어 버리는 거잖아.' 수아도 생각했어요.

'사실을 말할까? 너무 답답하고 무서워.' 현수도 생각했어요.

'아, 진짜 우리 반 분위기 이상해.' 지성이가 생각했어요.

'고민 해결? 선생님이 어떻게 해결하겠어?' 리나가 생각했어요.

선생님은 고민 상자를 만들고 아이들에게 소개했지만, 과연 아이들이 고민을 넣을까 **반신반의**(半信半疑)[085] 했어요. 아무리 좋은 것을 **권장**(勸奬)[086] 하더라도 마음이 움직이지 않으면 아무 소용없을 테니까요. 하지만 분명 고민 상자에 고민이 담긴다면 그것은 반 아이들이 고민을 해결하고 싶어 한다는 좋은 신호일 거예요. 선생님은 아이들의 고민을 기다려 보기로 했습니다.

어휘 톡톡!

어휘의 뜻을 함께 살펴보고 어휘가 들어간 짧은 예문을 읽어 보세요.

079 만연(蔓延) : 덩굴 만(蔓), 늘일 연(延)

식물 덩굴이 널리 뻗는다는 뜻으로, 전염병이나 나쁜 현상이 널리 퍼짐을 비유적으로 나타내는 말.

예) 물질만능주의가 **만연**하여 많은 사람이 돈이면 다 된다는 생각을 하고 있다.

080 우려(憂慮) : 근심할 우(憂), 생각할 려(慮)

걱정하고 근심함.

예) 나는 내가 그 일을 잘 해낼 수 있을지 **우려**가 된다.

081 넋두리

불만을 늘어놓고 하소연하는 말.

예) 엄마는 나를 앉혀 놓고 지난 일을 **넋두리**하기 시작했다.

〈넋두리의 유래 이야기〉

무당이 죽은 이의 넋이 저승에 잘 가기를 비는 굿을 할 때, 죽은 이의 넋을 대신하여 하는 말을 넋두리라고 합니다. 이 뜻이 확대되어 지금은 일반적인 의미로 쓰이게 되었어요.

082 **무릅쓰다**

힘들고 어려운 일을 참고 견디다.

예) 민석이는 부끄러움을 **무릅썼다**.

083 **시급**(時急) : **때 시**(時), **급할 급**(急)

시각을 다툴 만큼 몹시 절박하고 급하다.

예) 대책 마련이 **시급**하다.

084 **반영**(反映) : **돌이킬 반**(反), **비출 영**(映)

빛이 반사하여 비침. 또는 다른 것에 영향을 받아 어떤 현상이 나타남. '나타난다'로 바꿔 쓸 수 있다.

예) 햇빛이 호수에 **반영**하여 눈이 부셨다.

유행어에는 현실이 **반영**되어 있다.

085 〉 **반신반의**(半信半疑) **: 반 반**(半)**, 믿을 신**(信)**, 반 반**(半)**, 의심할**
의(疑)

반은 믿고 반은 의심함.

예) 그는 친구의 말을 **반신반의**하면서도 관심은 있는 눈치였다

086 〉 **권장**(勸獎) **: 권할 권**(勸)**, 장려할 장**(獎)

권하여 장려하는 것을 뜻한다.

예) 학생들에게 독서를 **권장**했다.

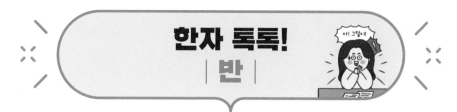

한자 톡톡!
| 반 |

관련 어휘 084. '반영(反映)'

>> '돌이키다'의 뜻을 갖는 반(反) <<

 반격(反擊) : **돌이킬 반**(反), **칠 격**(擊)

처들어오는 적을 되받아 공격함.

예) 적의 **반격**에 대비해 보자.

 반란(反亂) : **돌이킬 반**(反), **어지러울 란**(亂)

정부나 지도자 따위에 반대하여 난리를 일으킴.

예) 노비들이 일으킨 **반란**이 실패로 돌아갔다.

 반성(反省) : **돌이킬 반**(反), **살필 성**(省)

자신의 말이나 행동에 잘못이 있는지 돌이켜 보고 생각함.

예) 자신의 잘못에 대해 **반성**해야 한다.

» '반'을 뜻하는 반(半) «

 반절(半切) : 반 반(半), 끊을 절(切)

절반으로 자름. 또는 그렇게 가른 반이라는 뜻으로 절반과 의미가 같다.

예) 문제를 **반절**도 못 풀었는데 종이 울렸다.

 과반(過半) : 지날 과(過), 반 반(半)

절반을 넘음.

예) 회의에서 찬성이 **과반**수가 넘어서 그 의제가 통과되었다.

» '나누다'를 뜻하는 반(班) «

 반상(班常) : 나눌 반(班), 항상 상(常)

양반과 상사람(평민)을 아울러 이르는 말.

예) **반상**의 차별이 없어야 한다.

 반가(班家) : 나눌 반(班), 집 가(家)

양반의 집안.

예) 그녀는 **반가**의 규수로 자라나 세상 물정을 모른다.

반장(班長) : **나눌 반**(班), **우두머리 장**(長)

어떤 일을 함께 하는 소규모 조직인 반을 대표하여 일을 맡은 사람.

또는 교실의 반을 대표하여 일을 맡은 학생.

예) 형사 **반장**.

　　5학년 5반 **반장**.

 반열(班列) : **나눌 반**(班), **벌일 열**(列)

품계나 신분, 등급의 차례를 나타내는 말.

예) 드디어 명창의 **반열**에 올라섰다.

첫 번째 고민 손님과 벽화는 무슨 관계?

고민 상자가 만들어진 지 며칠이 지나고 있었습니다. 선생님은 매일 퇴근 전에 고민 상자를 흔들어 보았지만, 아무것도 들어 있지 않았습니다. 그러던 어느 날이었습니다. 여느 날처럼 고민 상자를 흔들어 보던 선생님은 깜짝 놀랐습니다. 사각거리는 종이 소리가 상자 안에서 들렸거든요. 선생님은 상자 뚜껑을 열었습니다. 그 안에는 노란 고민 종이가, 마치 노란 나비가 조심스럽게 꽃잎 위에 앉듯 놓여 있었습니다. 선생님은 종이를 펼쳤습니다.

"선생님, 저 수아예요. 놀라셨죠?"

'놀라기는, 기다리고 있었지.' 선생님은 생각했어요. 수아가 언젠가는 손을 내밀 거라고, 현명하게 이 상황을 뚫고 나가는 방법을 함께 찾게 될 거라고 믿고 있었거든요.

"저는 사실 요즘 친구들에게 따돌림을 당하고 있어요. 친구들이 저하고 말도 잘 안 하려고 하고, 체육 시간이나 모둠 활동 시간에도 저와 같이 하는 걸 싫어하는 게 보여요. 리나와 사이가 틀어지면서 이렇게 된 것 같아요. 리나 지갑이 없어졌는데 리나는 제가 가져갔다고 생각하는 것 같았어요. 그런데 정말 제가 가져간 게 아니거든요. 친구들과 다시 잘 지내고 싶어서 혼자 이런저런 노력을 해 봤는데 아무리 해도 잘 안 되는 것 같아요. 선생님께서 친구들을 불러 혼을 낸다거나 하는 건 바라지 않아요. 친구들과 사이가 더 멀어지기만 할 것 같아요. 좋은 방법이 있을까요?"

선생님은 수아가 이런 고민을 갖고 있을 것이고 도움을 청할지도 모른다는 생각을 갖고 있었지만, 사실 해결 방법이 마땅하지 않아 고민이었어요. 어떻게 해야 할까 고심하면서 학교를 나오는데 갑자기 휴대폰이 울렸어요. 이서윤 선생님의 친구가 건 전화였어요.

"서윤아, 잘 지내지? 요즘 학교 일 때문에 힘들 텐데 우리 주말에 꽃빛 벽화 마을에 놀러 갈래?"

"벽화 마을?"

"응. 힘든 동네인데 대학생들이 자원봉사로 마을에 벽화를 예쁘게 그려서 분위기가 달라졌나 봐. 사진 보니까 정말 예쁘더라고."

"그래. 가 보자. 그런데 넌 어떻게 알게 된 곳이야? 아직 이름난 곳이 아닌 거 같은데?"

"나도 자원봉사로 벽화 그리러 갔었거든. 우연히 거기 갔다가 어린 시절 사이가 좋지 않았던 친구를 만난 거 있지?"

"누구?"

"나 왕따시켰던 진설이 말이야."

"정말? 그래서 어떻게 됐어?"

"처음에는 안 좋은 기억도 떠오르고 기분도 나빴는데 같이 벽화도 그리고 좋은 일도 하다 보니까 점점 마음에 응어리졌던 게 풀리더라고. 내가 그린 그림 보여 줄게. 가자."

"알았어. 그럼 그때 보자."

'그래, 이거야. 벽화 그리기!'

"선생님, 내일 미술 준비물이 뭐예요?"

"내일 미술 시간에는 특별한 걸 할 거예요. 이곳은 선생님이 주말에 갔던 곳이에요."

선생님은 벽화 마을에 갔던 사진을 몇 장 보여 주었어요.

"설마 우리가 저걸 그린다는 건 아니죠?"

"딩동댕! 이 벽화 마을의 그림들은 **열악**(劣惡)**087** 한 조건에서 살고 있는 동네 사람들을 위해 자원봉사하는 분들이 예쁘게 그려 놓은 거예요. 이 벽화들 덕분에 마을 사람들은 쾌적한 환경에서 생활할 수 있게 되었어요. 우리는 학교 벽에 그려 볼 거예요."

"선생님, 저희가 그리면 학교가 이상해질 것 같은데요?"

"맞아요. 너무 무리인 것 같아요. 그리다가 실수하면 어떡해요?"

"어떤 그림을 그릴지 계획을 세우고 **심혈**(心血)**을 기울여서088** 그리면 우리도 충분히 멋진 그림을 그릴 수 있어요. 다 잘 그릴 필요는 없어요. 우리 모두 다 같이 할 테니까 그림을 좀 더 잘 그리는 친구들이 밑그림을 그리고, 다른 친구들은 페인트칠을 하면서 협동하면 되니까요."

아이들의 불만이 조금씩 누그러졌습니다.

"후배들이 우리들의 그림을 보며 학교에 다닐 거고, 여러분이 졸업한 후에 **모교**(母校)**089**에 그림이 남아 있을 것을 생각해 보면 얼마나 멋진 프로젝트예요?"

어떤 친구들의 얼굴은 기대감으로 부풀어 올랐고 어떤 친구들은 **우거지상090**이 되었어요.

"선생님이 교장 선생님께 허락까지 받았어요. 우리 학교 벽면에 비어 있는 공간이 몇 군데 있어요. 그곳에 멋진 그림을 그려 넣을 거예요. 우리의 벽화는 미술과 실생활을 **접목**(椄木)**091**시킨 최고의 작품이 될 겁니다. 선생님이 벽화 짝을 지어 줄게요. 그 짝 친구와 선생님이 정해 준 장소에 그림을 완성하는 겁니다."

"네? 친한 친구와 하면 안 되나요?"

"친하지 않은 친구와 친해지는 **계기**(契機)**092**가 될 겁니다. 그럼 벽화 그리기 짝을 발표하겠어요. 최리나!"

"네!"

"정수아와 둘이 짝. 이재준, 박세진 둘이 짝. 김지성, 김나영 둘이 짝. 김병교, 강현수 둘이 짝."

짝이 발표되었어요. 그날 하루 종일 5반 친구들의 **화두**(話頭)**093**는

'벽화 그리기'였습니다. 다음 날부터 5반의 벽화 그리기 프로젝트가 시작되었습니다. 수아와 짝이 된 리나는 교실 밖으로 나가는 것을 **뭉그적거렸어요**[094].

'왜 하필 정수아랑 짝이람.'

한편 예쁜 세진이와 짝이 된 재준이는 기분이 좋아 어제부터 벽화를 그리러 나가는 것을 **학수고대**(鶴首苦待)[095]했어요. 편한 옷을 입고 앞치마를 두른 5반 친구들은 페인트 통이며 붓, 신문지, 연필, 밑그림을 들고 교실 밖으로 나갔어요. 다들 소풍을 나가는 것처럼 들뜬 분위기였어요. 선생님과 아이들은 가장 먼저 학교 창고로 갔어요. 창고 문을 여니 창고 안에는 **잡동사니**[096]가 가득했어요. 쓸모없는 쓰레기만 가득한 것 같았던 창고 안에서 선생님은 몇 개의 페인트 통과 페인트 붓을 꺼냈어요.

"각자 선생님이 알려 준 자리에 자리를 잡고 그림을 그리기 시작하세요. 우리 학교를 지나가는 모든 사람이 볼 그림이라는 사실을 명심하고 짝과 협동해서 그리길 바라요."

벽화 그리기가 시작되었어요. 친구들은 학교 곳곳의 벽에 먼저 연필로 밑그림을 그리기 시작했어요. 어떤 모둠은 꽃과 나비를 그리기도 했고, 어떤 모둠은 밤하늘을 그리기도 했고, 어떤 모둠은 귀여운 캐릭터를 그리기도 했어요.

"그렇게 색칠하면 어떡해? 색깔이 이상하잖아."

"뭐가 어때서 그래."

"칠하기 전에 나한테 말했어야지."

"너 혼자 하는 게 아니잖아. 네가 밑그림 그렸으니까 색칠은 내 마음대로 할 거야."

어떤 모둠 친구들은 가벼운 **실랑이**[097]를 벌이기도 했어요. 재준이는 세진이 앞에서 어쩔 줄 몰라 하며 **숙맥**(菽麥)[098] 같은 모습을 보였어요. 재준이 옆에서 그림을 그리던 병교는 재준이에게 말했어요.

"오, 너희 그림 좋은데? **금슬**(琴瑟)[099] 좋은 부부 같아!"

"뭐라는 거야!"

얼굴이 빨개진 재준이는 병교를 쫓아가 한 대 때리고 돌아오기도 했어요.

"병교야, 색칠이 좀 **빈약**(貧弱)[100]한 것 같다. 꼼꼼하게 칠하렴."

장난을 치고 있는 병교에게 담임 선생님이 한마디 하시기도 했죠. 5반 친구들은 그날 거의 하루 종일 밖에서 그림을 그렸어요. 중간에 반 전체 친구들이 모여 간식을 먹는 시간도 가졌고요. 반짝이는 햇볕에 금세 페인트가 말라 가고 있었어요.

"생각보다 괜찮은데?"

"그러게. 우리 이쪽으로 나가 볼까?"

"왠지 학교가 상큼해진 것 같아."

학교 건물 위에서 다른 반 친구들이 구경을 하기도 했어요.

"자, 오늘 수고가 많았지? 벽화가 아직 완성되지 않았으니 앞으로 며칠은 오후에 벽화를 그리도록 하자."

"네!"

리나는 수아와 짝이 되어 당황스러웠어요. 사실 수아를 따돌리며 마음이 편한 것만은 아니었거든요. 그래도 얄미운 수아가 잘 지내는 것을 보는 게 더 짜증이 나고 싫었어요. 그래서 수아를 괴롭히고 친구들과 함께 은근슬쩍 따돌리기 시작했는데, 하필이면 수아와 짝이 되다니요.

"정수아, 너 어떤 그림 그릴 거야? 너 그림 잘 그리잖아. 네가 다 하든가."

"그러지 말고 우리 같이 그리자. 뭐 그릴까?"

수아는 천사를 그리자고 했어요. 리나는 옆에서 수아가 그리는 걸 보고 있었는데 생각보다 수아의 그림 실력이 뛰어났어요.

'얘는 그림도 잘 그리네.'

"리나야, 네가 색 좀 칠해 줄래?"

"알았어."

수아의 말에 콧방귀를 뀌며 대답했지만, 페인트로 색을 칠하는 일은 꽤 재미있었어요. 그렇게 점점 벽화가 완성되어 갔어요. 물을 다시 떠오는 일, 떨어뜨린 휴지를 쓰레기통에 버리는 일 등 반 친구들이 모두 **기피**(忌避)[101]하는 일을 수아는 먼저 나서서 하고 있었어요.

"리나와 수아네 그림은 정말 화가 못지않구나. 리나가 열심히 하는 모습을 선생님이 봤다. 정말 뿌듯해."

리나는 선생님의 칭찬을 받자 기분이 좋아졌어요.

'수아랑 짝이 되는 것도 생각보다 괜찮네.'

그렇게 해서 5반의 벽화 프로젝트는 완성되었습니다. 선생님 옆으로 한 명, 두 명 모였어요. 그리고 학교를 다 같이 한 바퀴 빙 돌았어요. 학교 분위기가 확실히 달라졌어요.

"선생님, 예쁜 것 같아요. 다른 반 친구들이 자기들도 하고 싶다고 부러워해요."

"뿌듯해요!"

"유익한 시간이었지?"

"네."

불평불만이 가득했던 친구들도 알록달록한 벽화를 보니 기분이 좋아졌어요. 그리고 다른 친구들도, 무엇보다 수아와 리나도 서로 조금씩 가까워졌어요.

어휘의 뜻을 함께 살펴보고 어휘가 들어간 짧은 예문을 읽어 보세요.

087 **열악**(劣惡) : **못할 열**(劣), **악할 악**(惡)

품질이나 능력, 시설 따위가 매우 떨어지고 나쁘다.

예) 그 직장은 일하는 환경이 매우 **열악**했다.

088 **심혈**(心血)**을 기울이다** : **마음 심**(心), **피 혈**(血)

심혈은 심장의 피 또는 마음과 힘을 뜻하며 정성과 비슷한 말이다.

예) 나는 **심혈**을 기울여 그림을 완성시켰다.

089 **모교**(母校) : **어머니 모**(母), **학교 교**(校)

자기가 다니거나 졸업한 학교.

예) 그는 자신의 **모교**에 장학금을 기부했다.

090 **우거지상**

잔뜩 찌푸린 얼굴. 우거지는 김장이나 젓갈 등의 맨 위에 덮여 있는

품질이 낮은 부분을 뜻하며 '웃걷이'에서 나온 말이다. 잔뜩 찌푸린 얼굴이 햇볕에 말린 우거지 같다는 뜻으로 쓰인다.

예) 그 사람은 뭐가 불만인지 언제나 **우거지상**을 하고 다닌다.

091 〉 **접목**(椄木) : **접붙일 접**(接), **나무 목**(木)

나무를 접붙이는 것. 둘 이상의 서로 다른 것들을 알맞게 붙이는 것을 비유한 말.

예) 옛날 음식과 현대 음식을 **접목**시킨 퓨전 음식이 인기를 끌고 있다.

092 〉 **계기**(契機) : **맺을 계**(契), **틀 기**(機)

어떤 일이 일어나거나 변화하도록 만드는 결정적인 원인이나 기회.

예) 그 여자가 이 공부를 시작하게 된 **계기**가 궁금하다.

093 〉 **화두**(話頭) : **말씀 화**(話), **머리 두**(頭)

이야기의 첫머리. 또는 관심을 두어 중요하게 생각하거나 이야기할 만한 것.

예) 그는 분위기가 이상해지자 **화두**를 바꾸었다.

094 〉 **뭉그적거리다**

나아가지 못하고 제자리에서 조금 큰 동작으로 자꾸 게으르게 행동하는 것을 이르는 말.

예) 나는 아침마다 **뭉그적거리다**가 학교에 늦는다.

095 > 학수고대(鶴首苦待) **: 두루미 학**(鶴)**, 머리 수**(首)**, 쓸 고**(苦)**, 기다릴 대**(待)

학의 목처럼 목을 길게 빼고 간절히 기다림.

예) 나는 체육 시간만 **학수고대**하고 있다.

096 > 잡동사니

잡다한 것이 한데 뒤섞여 있는 것.

예) 민철이는 자기 집에 있던 헌 옷, 헌 가구 따위의 너절한 **잡동사니**를 창고에 넣었다.

〈잡동사니 유래 이야기〉

조선 후기의 어느 날, 안정복이 대청에 앉아 있는데 하인들의 이야기가 들려왔어요. 그냥 흔한 이야기들이었지만 재미있게 들었지요. 안정복은 재미없고 지루한 역사나 실학 이야기가 아니라 생활 속에 일어나는 평범한 이야기가 담긴 재미있는 책을 만들고 싶다는 생각이 들었습니다. 그렇게 만든 책의 제목이 《잡동산》이었어요. 양반들이 볼 때는 별로 중요할 게 없는 그저 흥미 위주의 내용이었지요. 그래서 이 책에서 유래한 '잡동사니'는 쓸모없는 잡다한 여러 가지 물건이란 의미로 쓰이게 되었어요.

097 실랑이

이러니저러니, 옳으니 그르니 하며 남을 못살게 굴거나 괴롭히는 일.

예) 주인은 한참 동안 손님과 **실랑이**를 벌였다.

〈실랑이 유래 이야기〉

과거 시험을 보고 나서 합격자가 발표되면 예복을 갖춰 입고 합격 증서를 받으러 갑니다. 이때 부르는 구령, '신래(新來 : 새로울 신 新, 올 래 來)위'에서 유래한 말입니다. '신래 불리다'라는 절차를 밟을 때 기강을 세우기 위해 선배들은 새로 들어오는 후배들에게 짓궂은 장난을 쳤거든요. 얼굴에다 먹으로 앙괭이를 그리고 옷가지를 찢으며 '이리워, 저리워' 하며 앞뒤로 오랬다 가랬다 하면서 몹시 놀려 댔어요. 이렇게 옳으니 그르니 하면서 남을 못살게 구는 것을 '실랑이'로 부르게 되었답니다.

098 숙맥(菽麥) : 콩 숙(菽), 보리 맥(麥)

사리 분별을 못하고 세상 물정을 잘 모르는 사람. 숙맥불변(菽麥不辨)에서 나온 말인데 콩과 보리도 구분하지 못할 만큼 어리석다는 뜻으로 쓰였으나, 지금은 그 뜻이 변하여 너무 순진해서 숫기가 없다는 뜻으로 쓰인다.

예) 그는 세상 물정 모르는 **숙맥**이야.

099 > **금슬(琴瑟)이 좋다 : 거문고 금(琴), 비파 슬(瑟)**

거문고와 비파가 서로 화음이 잘 어울려 연주되듯이 사이가 좋음.

예) **금슬**이 좋은 부부는 바깥일도 잘 되는 법이다.

100 > **빈약(貧弱) : 가난할 빈(貧), 약할 약(弱)**

가난하고 힘이 없음. 또는 형태나 내용이 부족하고 보잘것없음.

예) **빈약**한 나라.

　　이론을 뒷받침할 만한 근거가 **빈약**하다.

101 > **기피(忌避) : 꺼릴 기(忌), 피할 피(避)**

꺼리거나 싫어하여 피함.

예) 요새 사람들이 힘든 일을 **기피**해서 노동력이 부족하다.

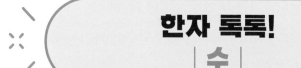

한자 톡톡!
| 수 |

관련 어휘 095. '학수고대(鶴首苦待)'

» '머리'를 뜻하는 수(首) «

 수긍(首肯) **: 머리 수**(首), **옳게 여길 긍**(肯)

옳다고 인정함.

예) 나는 부모님의 말씀이 **수긍**이 가지 않았다.

 수석(首席) **: 머리 수**(首), **자리 석**(席)

등급이나 직위 따위에서 맨 윗자리.

예) 아빠는 항상 자신이 **수석**으로 입학하고 졸업했다고 말씀하시곤 했다.

» '지키다'를 뜻하는 수(守) «

 수구(守舊) **: 지킬 수**(守), **예 구**(舊)

옛 제도나 풍습을 그대로 지키고 따름.

예) 조선 후기 새로운 문물을 받아들이려는 개화파와 옛것을 지키려는 **수구**파의 대립이 있었다.

수전노(守錢奴) : **지킬 수**(守), **돈 전**(錢), **종 노**(奴)

돈을 모을 줄만 알아 한번 손에 들어간 것은 도무지 쓰지 않는 구두

쇠를 낮잡아 가리키는 말.

예) 친구를 사귈 때 너무 **수전노**처럼 굴면 다들 너를 싫어할 거야.

≫ '받다'를 뜻하는 수(受) ≪

 수강(受講) : **받을 수**(受), **배울 강**(講)

강의를 들음.

예) 나는 이번 방학 때 학원에서 영어 과목을 하나 더 **수강**하기로 했다.

 수락(受諾) : **받을 수**(受), **허락할 락**(諾)

요구를 받아들임.

예) 나는 친구의 부탁을 **수락**하고 말았다.

≫ '빼어나다'를 뜻하는 수(秀) ≪

 수려(秀麗) : **빼어날 수**(秀), **고울 려**(麗)

빼어나게 아름답다.

예) 나는 그녀를 처음 보는 순간, 그녀의 **수려**한 외모에 반해 버렸다.

어휘 테스트

다음 문장을 읽고 ( ) 안에 들어갈 어휘를 [보기]에서
골라 써 보세요.

보기

가결	계기	난장판	넋두리	무릅쓰고
뭉그적거리다	반신반의	반장	반절	
수락	열악	우거지상	우려	자초지종
정가	철면피	학수고대		

1. 잘못을 해놓고 뻔뻔하게 ( )처럼 굴다니 실망이다.

2. 승혁아 무슨 일이 있었는지 ( )을 설명해 봐.

3. 윤호와 승범이가 싸워서 교실이 ( )이 되었다.

4. 학급 회의에서 만장일치로 ( )되었다.

5. 성호는 ( )에 물건을 샀는데 재준이는 할인을 받았다.

6. 연서는 수아가 실수하진 않을까 ( )가 됐다.

7. 리나는 불만이 많았는지 하루종일 (　　　)만 했다.

8. 혼날 걸 (　　　) 학원을 안 갔다고 고백했다.

9. 은하는 (　　　)하면서도 동민이의 말을 믿기로 했다.

10. 상혁이는 빵을 (　　　)로 잘라 동현이에게 줬다.

11. 정원이는 5학년 2반의 (　　　)이다.

12. 환경이 (　　　)해도 선우는 항상 희망을 찾는다.

13. 재윤이가 시험을 망쳐 (　　　)이 됐다.

14. 승혁이가 진형이랑 친해진 (　　　)가 궁금했다.

15. 너네 계속 그렇게 (　　　)가 늦을지도 몰라.

16. 지민이는 점심시간만 (　　　)하고 있다.

17. 반장이 현수의 제안을 (　　　)했다.

| 정답 | 1. 철면피 2. 자초지종 3. 난장판 4. 가결 5. 정가 6. 우려 7. 넋두리 8. 무릅쓰고 9. 반신반의 10. 반절 11. 반장
12. 열악 13. 우거지상 14. 계기 15. 뭉그적거리다 16. 학수고대 17. 수락

"선생님, 현수가 아직 안 왔어요."

"현수는 지각 한 번 하지 않는 애인데 무슨 일이지?"

담임 선생님은 현수 집으로 전화를 했어요. 현수 할머니도 현수도 아무도 전화를 받지 않았어요. 그렇게 현수 없이 1교시 수업이 시작되었어요. 그리고 쉬는 시간에 담임 선생님은 누군가와 통화를 했어요.

"애들아, 현수 할머니께서 **운명**(殞命)**하셨다고**[102] 하네. 앞으로 며칠은 현수가 못 나올 거 같아."

수아는 현수가 딸기를 사서 할머니가 계신 병원에 가던 때를 생각했어요. 아마 할머니께서 많이 편찮으셨나 봐요. 현수가 얼마나 슬플지 생각하니 마음이 아팠어요.

어젯밤 현수는 할머니 곁에 앉아 있었어요. 할머니는 큰 고통에 힘겨워하셨어요. 아파하는 할머니를 보니 현수는 **애가 끊어지는 것**[103] 같았어요.

"할머니, 정신 차려요! 오래 사셔야죠. 나 할머니 없으면 어떡하라고…."

"현수야, 이 할미 없어도 우리 현수 **주눅 들지**[104] 않고 잘 지내야 한다. 누군가 너를 **푸대접**[105]하거나 **멸시**(蔑視)[106]해도 연연하지 말고 네가 더 훌륭하고 당당한 사람이 되어야 하는 거란다. 혹시라도 다른 사람의 것을 훔치거나 다른 사람의 마음을 아프게 하면 안 돼. 아무리 가난하고 힘든 상황이라고 해도 그게 **면죄부**(免罪符)[107]가 되지는 않아. 범죄자와 훌륭한 사람은 **백지**(白紙) **한 장의 차이**[108]란다. 누구나 한순간에 인생이 뒤바뀔 수 있다는 걸 명심하고, 힘들 때는 더 나은 사람이 되기 위해 노력하고, 훌륭한 사람이 되어서는 겸손해지기 위해 노력해야 한단다."

할머니는 계속 말씀하셨지만 얼굴엔 힘겨운 표정이 **역력**(歷歷)[109] 하셨습니다.

"할머니, 힘든데 그만 말하고 마음 편히 좀 쉬세요. 그러면 다시 옛날처럼 좋아질 거예요. 할머니가 그랬잖아. 나 장가가는 거 보고 아이 낳는 것도 보고 그러고 하늘나라 가겠다고. 왜 갑자기 약한 소리를 하는 거야…."

"현수야…."

할머니의 목소리가 작아졌고 갑자기 심장 박동수가 약해지며 옆에 있던 환자 감시 장치는 '삐, 삐' 소리를 내며 울어 댔습니다. 옆에 있던 의사는 할머니의 심장을 다시 뛰게 하려 했지만 결국 할머니는 눈을 감고 말았습니다. 현수는 할머니를 멍하니 바라보았습니다.

"할머니…."

현수는 할머니의 **임종**(臨終)[110]을 지켰습니다. 그리고 세상에 혼자 남겨졌습니다. 할머니께서 마지막에 유언처럼 하신 말씀이 현수의 귓가에 울리는 것 같았습니다. 현수는 할머니를 보내 드렸고 상주가 되어 장례식도 치렀습니다. 현수 할머니는 자식이 둘 있었습니다. 아들 하나와 딸 하나가 있었는데, 아들 한 명이 바로 현수의 아버지였습니다. 현수가 어릴 적 교통사고로 돌아가시고 말았죠. 한 명 있는 고모는 사는 게 **녹록지 않아**[111] 일 년에 한 번 찾아뵐까 말까였습니다. 할머니가 돌아가시고 현수는 고모에게 전화를 했습니다. 평소에 전화 한번 안 하던 현수의 전화라는 걸 알았을 때 현수의 고모도 아마 직감했을 겁니다. 그리고 현수는 보육원으로 보내졌습니다. 현수의 고모는 현수를 맡을 만한 상황이 아니라고 했고, 현수 역시 친절하지도 않은 고모에게 가서 살고 싶지는 않았거든요. 할머니가 떠나면 하루도 살지 못할 것 같았는데 하루하루 시간이 그렇게 흘러갔습니다.

현수가 학교에 나가자 뭔가 사뭇 분위기가 다른 것 같은 느낌이 들었습니다. 마치 친구들이 현수를 불쌍하게 바라보고 있는 것 같았어요. 현수는 할머니의 말씀이 생각났습니다.

'내게 부모님이 안 계시고 이제 할머니도 없다고 다른 사람의 동정을 받거나 무시당하는 건 싫어. 그만큼 내가 더 당당하게 잘 지내야 해. 그때 리나 지갑을 훔친 것도 진실을 밝혀야겠다.'

하지만 현수는 용기가 나지 않았습니다.

어휘 톡톡!

어휘의 뜻을 함께 살펴보고 어휘가 들어간 짧은 예문을 읽어 보세요.

102 **운명(殞命)하다 : 죽을 운(殞), 목숨 명(命)**

사람의 목숨이 끊어짐.

예) 할머니께서 오늘 새벽에 **운명**하셨다.

103 **애가 끊어지다**

'애'는 창자를 나타내는 옛말로 '애가 끊어지다'는 창자가 끊어질 듯이 매우 슬프다는 뜻이다.

예) 애인과 헤어져 **애끊는** 마음으로 노래를 한 곡 불렀다.

|TIP| 애끊다 VS 애끓다

'애끊다'는 '몹시 슬퍼서 창자가 끊어질 듯하다'라는 뜻이고, '애끓다'는 '몹시 답답하거나 안타까워 속이 끓는 듯하다'라는 뜻이다.

104 > 주눅 들다

기운을 제대로 펴지 못하고 움츠러들고 기가 죽다.

예) 그 아이는 선생님께 혼이 나고 하루 종일 **주눅 들어** 있었다.

105 > 푸대접

정성을 들이지 않고 아무렇게 하는 대접.

예) 손님을 **푸대접**하는 가게는 망하게 되어 있다.

|TIP| '푸'와 '풋'

우리말인 '푸', '풋'은 '미숙하다, 젊다, 약간 부족하다, 성숙하지 못하다' 등의 뜻으로 사용된다.

→ **풋과일** : 설익은 과일.

→ **풋내** : 경험이 적거나 덜 자란 어린 티.

→ **풋고추** : 아직 익지 않은 고추.

106 > 멸시(蔑視) : 업신여길 멸(蔑), 볼 시(視)

업신여기거나 하찮게 여겨 깔봄.

예) 나보다 힘이 약하다고 **멸시**하는 것만큼 비겁한 일은 없다.

107 면죄부(免罪符) : 면할 면(免), 허물 죄(罪), 증표 부(符)

책임이나 죄를 없애 주는 증서로 '면죄부를 주다'는 잘못을 용서해

주거나 모른 척한다는 뜻으로 쓰인다.

예) 잘못한 사람은 책임을 져야 한다. **면죄부**를 주면 안 된다.

〈면죄부 유래 이야기〉

면죄부는 로마 교황이 교회의 부족한 재정을 해결하기 위해, 금전이나 재물

을 내놓은 사람들에게 팔았던 '죄를 면해 준다는 증서'였습니다. 즉 교회가

돈을 벌기 위해 죄를 용서받을 수 있게 해 준다며 재물을 받고 판 문서였던

것이죠. 800년경 교황 레오 3세 때 처음으로 시작되어 15세기에 그 발행량

이 크게 늘었으며, 결국 이에 불만을 가진 루터를 중심으로 한 시민들의 반발

로 종교 개혁이 시작되었습니다.

108 백지(白紙) 한 장의 차이 : 흰 백(白), 종이 지(紙)

아주 근소한 차이를 비유적으로 이르는 말.

예) 천재와 바보는 **백지 한 장의 차이**야.

|TIP| 백지가 들어간 말

➜ 백지상태 : 어떠한 대상에 대하여 아무것도 모르는 상태.

예) 그림에는 소질이 있으나 음악은 **백지상태**다.

➜ **백지장도 맞들면 낫다** : 쉬운 일이라도 협력하면 훨씬 쉽다는 말.

---

109 **역력**(歷歷) : **지날 역/력**(歷)

자취나 기미, 기억 따위가 또렷하고 분명하다.

예) 아버지는 피곤한 기색이 **역력**합니다.

---

110 **임종**(臨終) : **임할 임**(臨), **마칠 종**(終)

죽음을 맞이함.

예) 할아버지는 **임종**하기 직전까지 아들을 찾으셨다.

---

111 **녹록지 않다**

'녹록하다'는 만만하고 상대하기 쉽고, 평범하다는 뜻이며, '녹록지 않다'는 녹록하지 않다, 즉 쉬운 일이 아니라는 뜻이다.

예) 초등학교 생활은 **녹록지 않다.**

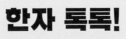

한자 톡톡!
| 시 |

관련 어휘 106. '멸시(蔑視)**'**

≫ '보다'를 뜻하는 시(視) ≪

 시야(視野) **: 볼 시**(視)**, 들 야**(野)

시력이 미치는 범위.

예) 우리 집은 거실에 창문이 커서 **시야**가 탁 트여 마음에 든다.

 응시(凝視) **: 엉길 응**(凝)**, 볼 시**(視)

한 곳을 똑바로 바라봄.

예) 나는 어디선가 많이 본 듯한 그의 모습을 **응시**했다.

≫ '시작하다'를 뜻하는 시(始) ≪

 시작(始作) **: 시작할 시**(始)**, 지을 작**(作)

어떤 일이나 행동을 처음 함.

예) 어떤 일이든 **시작**이 반이다.

시조(始祖) : **먼저 시**(始), **조상 조**(祖)

한 민족이나 집안의 맨 처음이 되는 조상.

예) 신라의 **시조**는 박혁거세다.

 시종일관(始終一貫) : **시작할 시**(始), **마칠 종**(終), **한 일**(一), **꿸 관**(貫)

일 따위를 처음부터 끝까지 한결같이 함.

예) 그는 **시종일관** 웃음 띤 얼굴을 잃지 않았다.

≫ '옳다'를 뜻하는 시(是) ≪

 시비곡직(是非曲直) : **옳을 시**(是), **아닐 비**(非), **굽을 곡**(曲), **곧을 직**(直)

옳고 그르고 굽고 곧다는 의미로, 옳은 것과 그른 것을 이르는 말.

예) **시비곡직**을 가려 주세요.

 시시비비(是是非非) : **옳을 시**(是), **아닐 비**(非)

옳고 그름, 또는 옳고 그름을 따지며 다툼.

예) 지금 이 시점에서 **시시비비**를 가리는 일이 필요하다.

이서윤 선생님은 오늘도 습관처럼 고민 상자를 흔들었습니다.

'어? 오늘은 고민이 들어왔네?'

고민 상자에 손님이 자주 오는 건 아닙니다. 고민은 아주 가끔씩 찾아오지만 정말 의미 있는 손님이지요. 고민 상자를 열어 보니 노란 종이가 두 장 들어 있었습니다. 둘 다 의외의 손님이었는데, 첫 고민 손님은 재준이었습니다.

"선생님, 저는 제가 반장인 게 고민입니다. 사실 부모님께 스마트폰을 받고 싶어서 반장 선거에 나오게 되었는데 정말 반장이 될 줄은 몰랐습니다. 그런데 지난번 지성이와 싸웠을 때처럼 친구들이 저를 무시합니다. 학급 회의를 할 때도 제 말은 듣지도 않고, 친구들이 떠들어서 제가 조용히 하라고 해도 들은 척도 하지 않아요. 이럴 바에는 반장을 그만두고 싶은데 그것도 안 되잖아요. 어떻게 해야 할지 모르겠어요. 이런 고민을 넣는다는 것 자체가 자존심이 상하지만 그래도 용기 내서 넣어 봅니다."

'우리 재준이가 고민을 많이 했나 보네. 이렇게 고민을 넣었다는 것은 문제를 해결하고자 하는 용기를 갖게 되었다는 걸 의미하니 곧 좋아지겠군.'

선생님은 빙긋 웃었습니다. 그리고 두 번째 노란 종이를 열었습니다.

"선생님, 지난번 리나 지갑을 훔친 건 사실 저였습니다. 편찮으신 할머니께서 딸기를 먹고 싶다고 하셨는데 **수중**(手中)**에**[112] 돈이 하나도 없었어요. 제가 그 주에 교실 문단속을 맡았는데, 체육 시간에 마지막으로 교실 문을 잠그고 나가게 되었습니다. 그때 리나의 지갑이 책상 위에 있는 것을 보고 저도 모르게 손을 댔습니다. 수아가 저 대신 누명을 써서 얼마나 미안했는지 모릅니다. 친구들 앞에서 말할 용기는 나지 않는데 양심의 가책이 느껴져서 어떻게든 사과하고 싶고 리나의 지갑도 돌려주고 싶어요. 선생님, 그때 솔직히 말하지 못해서 너무 죄송해요. 할머니께서 돌아가시기 전에 저에게 해 주셨던 말씀을 듣고 이제라도 다시 제자리로 돌려놓고 싶습니다. 도와주세요."

선생님은 지갑을 훔쳐 간 사람이 현수라는 사실을 어느 정도는 눈치채고 있었지만 확신할 수는 없었습니다. 하지만 이제 모든 게 확실해졌어요. 이렇게 고민을 넣어 준 재준이와 현수가 고마울 따름이었어요. 재준이와 현수의 고민을 어떻게 해결할 수 있을까요?

» '서로'를 뜻하는 상(相) «

 상부상조(相扶相助) **: 서로 상**(相), **도울 부**(扶), **도울 조**(助)

서로서로 도움.

예) 우리 조상들은 힘든 농사일을 하면서 **상부상조**하는 지혜가 발전했다.

 양상(樣相) **: 모양 양**(樣), **서로 상**(相)

서로의 모양, 즉 물건이나 사람 또는 어떤 일의 모양이나 상태.

예) 사람들의 삶의 **양상**이 다양하다.

 상이(相異) **: 서로 상**(相), **다를 이**(異)

서로 다르다.

예) 누나와 나는 성격이 매우 **상이**하다.

» '장사'를 뜻하는 상(商) «

 상점(商店) : **장사 상**(商), **가게 점**(店)

일정한 시설을 갖추고 물건을 파는 곳.

예) 이번에 새로 생긴 **상점**에 손님이 많다.

 상권(商圈) : **장사 상**(商), **우리 권**(圈)

상점이 많이 만들어져 상업이 이루어지는 범위.

예) 허허벌판이었던 이곳에 **상권**이 형성되었다.

» '생각하다'를 뜻하는 상(想) «

 상기(想起) : **생각 상**(想), **일어날 기**(起)

지난 일을 돌이켜 생각해 냄.

예) 남자친구가 준 선물은 그와 함께했던 시간을 **상기**시킨다.

 상념(想念) : **생각 상**(想), **생각 념**(念)

마음속에 품고 있는 여러 가지 생각.

예) 공부할 때면 온갖 **상념**이 떠오른다.

» '다치다'를 뜻하는 상(傷) «

 상심(傷心) : 다칠 상(傷), 마음 심(心)

슬픔이나 걱정 따위로 속이 상함.

예) 곧 지나갈 일일 테니 **상심**하지 마십시오.

 상흔(傷痕) : 다칠 상(傷), 흔적 흔(痕)

상처를 입은 자리에 남은 흔적.

예) 이산가족의 마음속엔 아직도 전쟁의 **상흔**이 남아 있다.

생과일주스 팔기 프로젝트

우리 생과일주스 파는
아르바이트 해 볼까요?

초딩이
아르바이트요?

저희가요?

리나가 잃어버린 지갑,
사실 어떤 친구가
다시 돌려주고 싶어 해요.
그래서
우리가 리나의
돈도 마련할 겸
아르바이트를
해 보면
어떨까 해요.

생과일주스 팔기 계획서

1. 메뉴 : 키위, 딸기
2. 만드는 방법

어떤
생과일주스를
만들까?

생과일주스
만드는 방법을
찾아보자~

아이들도 많은 걸 배웠을 거야.

뿌듯

뿌듯

"여러분, 벽화 프로젝트 이후로 심심했죠? 선생님이 두 번째 프로젝트를 해 볼까 해요."

"어떤 프로젝트요?"

5반 친구들은 눈을 반짝거렸습니다. 처음에는 선생님이 뭔가 하자면 귀찮기도 하고, 맨날 하는 선생님 잔소리의 **일환**(一環)[113]이구나 싶었는데 이제는 뭔가 재미있을 것 같았어요.

"아르바이트 해 보고 싶은 사람?"

"네? 초등학생이 아르바이트요?"

"우리 이번 주 일요일에 다 같이 모여서 생과일주스를 팔아 보자."

"네? 벽화에 이어 이제 장사까지 하는 거예요?"

"싫어?"

"은근히 재미있을 거 같지 않아?" 재준이가 말했습니다.

"응. 아르바이트 같은 거 해 보고 싶었는데 엄마가 못 하게 하시니까 못 했지. 담임 선생님이 하자고 했다고 하면 아마 다 찬성하실 거 같은데?" 세진이도 말했습니다.

"생과일주스를 만들어 보는 것도 재미있을 것 같아." 벽화 그리기 이후로 한결 표정이 좋아진 수아도 말했습니다. 다들 하고 싶다는 의견이었습니다.

"그럼 그걸로 돈 벌어서 뭐 해요?"

"번 돈을 활용하는 방법은 여러 가지가 있을 거야. 선생님이 제안

한 것을 먼저 하고, 남는 돈은 너희들이 생각을 나누어서 결정하도록 할까? 선생님 제안부터 말할게. 지난번에 리나가 지갑 잃어버렸던 적 있지? 어떤 친구가 그 지갑을 돌려주고 싶어 해. 선생님은 이 문제를 우리 반 전체가 함께 나눠서 책임지면 좋을 것 같아. 지갑은 선생님에게 그대로 돌려줬으니 주스를 팔아서 번 돈 중에 리나 지갑에 있었던 돈 만 원은 도로 넣어서 리나에게 돌려줬으면 좋겠고, 나머지는 너희들이 회의해서 결정하면 되겠다 싶은데, 어때?"

5반 친구들은 조용해졌습니다.

"그렇게 해요." 재준이가 조용하고 엄숙한 분위기를 깨며 말을 했습니다.

"맞아요. 지금이라도 사실을 고백한 걸 보면 그 친구도 분명히 사정이 있었던 것 같아요." 세진이가 말했어요.

"그렇지? 정말 고마운 일이야." 선생님이 말을 이었습니다. 수아와 현수는 조용히 앉아서 친구들을 바라보았습니다.

"그러면 우리 생과일주스를 어떻게 하면 잘 팔 수 있는지 **도모**(圖謀)¹¹⁴해 보자꾸나. 재준이가 나와서 학급 회의를 진행해 볼까?"

"네?"

재준이에게는 힘겨운 학급 회의 시간이 다시 돌아왔습니다. 어제 분명히 고민 상자에 고민을 넣었는데 선생님은 또 학급 회의 진행을 시키셨습니다.

"자, 어서 나와서 진행해 보자."

재준이는 앞으로 나갔습니다.

"우리 반이 다 같이 생과일주스를 만들어 팔려면 어떻게 하면 좋을까요?"

"어떤 생과일주스를 만들지부터 정하면 좋을 것 같습니다."

"먼저 생과일주스 만드는 방법을 알아야 할 것 같아. 인터넷에서 검색해 보자."

그렇게 시끌벅적하지만 전보다는 재미있고 유쾌한 학급 회의가 끝났고, 회의를 통해 정리된 내용은 다음과 같았습니다. 물론 선생님의 도움도 중간중간 있었지만 꽤나 어른스럽게 생과일주스 팔기 프로젝트 회의가 끝났습니다. 또 아빠가 가게를 하셔서 장사에 대해 잘 알고 있는 재준이는 회의를 잘 이끌어 나갔어요.

5반의 생과일주스 팔기 계획서

1. 생과일주스 메뉴
  키위 주스, 딸기 주스, 사과 주스, 바나나 주스

2. 생과일주스 만드는 방법
  1) 과일을 사서 씻고, 껍질을 벗기고 다듬는다.
  2) 얼음을 얼린다.

3) 과일과 얼음, 설탕을 믹서에 넣고 간다.

4) 컵에 부어 빨대를 꽂아서 판다.

3. 생과일주스 준비물

과일, 믹서, 얼음, 빨대, 일회용 컵

4. 생과일주스 프로젝트 예산 계획

1) 예산

한 사람당 3,000원씩 낸다.

3,000원 × 25명 = 75,000원

선생님께서 학급 운영비 45,000원을 보태 주신다.

75,000원 + 45,000원 = 120,000원

총 12만 원

2) 예상 지출

컵 100원 × 100잔 = 10,000원

빨대 200개짜리 1통 = 10,000원

과일 10만 원어치 = 100,000원

총 12만 원

3) 예상 수입

생과일주스를 한 잔에 3,000원씩 100잔 판다.

3,000원 × 100잔 = 300,000원

총 30만 원

4) 주스를 판 돈은 어디에 쓸까?

리나 지갑에 잃어버린 돈 : 10,000원

다 같이 피자 시켜 먹기 : 20,000원 × 6판 = 120,000원

기부하기 : 170,000원

총 30만 원

5. 생과일주스 팔기

1) 토요일에 장을 볼 수 있는 친구들 여섯 명이 모여서 컵, 빨대, 과일을 구입한다(장 볼 수 있는 친구 : 재준, 병교, 리나, 수아, 현수, 세진).
2) 일요일 아침 9시에 다 같이 교실에 모여 과일을 씻고 다듬는다. 도화지에 메뉴를 쓴다.
3) 각자 얼음을 한 통씩 얼려 온다. 설탕을 비닐봉지에 한 컵씩 담아 온다. 모둠별로 한 명씩 과도를 가져온다(아이스박스 : 이재준, 믹서 : 다연, 수아, 지성).
4) 준비를 끝마치고 11시에 다 같이 나가서 학교 앞 도로 그늘에 책상을 세우고 가판대를 꾸민다.

6. 프로젝트 당일 역할 나누기

(10명) 생과일주스 만들기 : 생과일 컵에 담기 - 설탕과 얼음 담기 - 믹서로 갈기 - 생과일주스 컵에 붓기 - 빨대 꽂아서 손님에게 주기
(2명) 돈 계산하기
(13명) 우리가 만든 '맛있는 생과일주스 송'을 부르며 손님 끌어모으기

7. 프로젝트 시 지켜야 할 규칙

1) 자기가 맡은 역할 충실히 하기
2) 질서를 지키고 차가 위험할 수 있으니 다른 데 돌아다니지 않기
3) 심한 장난은 치지 않기

규칙까지 정하고 나니 5반 친구들은 의욕이 더 생겼습니다.

'이렇게 계획을 세우는 과정에서도 아이들은 정말 많은 것을 배웠을 거야.'

한껏 기대에 부푼 아이들을 보며 선생님은 생각했습니다.

어휘 톡톡!

어휘의 뜻을 함께 살펴보고 어휘가 들어간 짧은 예문을 읽어 보세요.

112 수중(手中)에 : 손 수(手), 가운데 중(中)

손의 안, 자기가 소유할 수 있거나 권력을 행사할 수 있는 범위.

예) 우리가 찾던 보물 지도가 해적의 **수중**에 넘어가고 말았다.

113 일환(一環) : 한 일(一), 고리 환(環)

줄지어 있는 많은 고리 가운데 하나. 서로 밀접한 관계로 연결되어 있는 여러 개 중 한 부분.

예) 고속도로 건설은 국토 개발의 **일환**이다.

114 도모(圖謀) : 그림 도(圖), 꾀 모(謀)

한자 그대로 풀이하면 '무슨 일을 꾀하려고 그림을 그리다'가 된다. 즉 어떤 일을 이루려고 방법과 대책을 세우는 일을 말한다.

예) 부원들 간의 친목 **도모**를 위해 주말에 야유회를 가기로 했다.

한자 톡톡!
|우|

아! 그렇게!

» '벗, 친구'를 뜻하는 우(友) «

 우방(友邦) : **벗 우**(友), **나라 방**(邦)

서로 친밀한 관계를 맺은 좋은 나라.

예) 아무리 **우방**국일지라도 언제 적국이 될지 모른다.

 우애(友愛) : **벗 우**(友), **사랑 애**(愛)

형제간 또는 친구 간의 사랑이나 정.

예) 그 형제는 **우애**가 넘친다.

 우호(友好) : **벗 우**(友), **좋을 호**(好)

나라끼리나 개인끼리 서로 사이가 좋음.

예) 백제와 일본은 **우호** 관계를 유지했다.

» '비'를 뜻하는 우(雨) «

 우기(雨氣) : 비 우(雨), 기운 기(氣)

일 년 중 비가 많이 오는 시기.

예) 여름철 **우기**에 대비해 댐을 튼튼하게 쌓아 놓아야 한다.

 폭우(暴雨) : 사나울 폭(暴), 비 우(雨)

갑자기 세차게 쏟아지는 비.

예) 강풍을 동반한 **폭우**로 피해가 속출했다.

» '만나다'를 뜻하는 우(遇) «

 예우(禮遇) : 예도 예(禮), 만날 우(遇)

예의를 지키어 정중하게 대우함.

예) 선배에게 **예우**하는 모습을 보이도록 하자.

 조우(遭遇) : 만날 조(遭), 만날 우(遇)

우연히 서로 만나다.

예) 길을 가다가 초등학교 동창을 **조우**했다.

» '넉넉하다'를 뜻하는 우(優) «

 우대(優待) : **넉넉할 우**(優), **기다릴 대**(待)

특별히 잘 대우함.

예) 저희는 여자 손님을 **우대**합니다.

 우등(優等) : **넉넉할 우**(優), **무리 등**(等)

우수한 등급.

예) 그는 어릴 적에는 **우등**생이었다.

어휘 테스트

다음 문장을 읽고 (   ) 안에 들어갈 어휘를 [보기]에서 골라 써 보세요.

보기

멸시	백지 한 장의 차이	상념	상심	상이
수중	양상	우등	우애	우호
일환	조우	주눅 들어	푸대접	

1. 정원이는 선생님께 혼이 나서 (   ) 있었다.

2. 손님을 (   )하는 가게는 안 가야 한다.

3. (   )로 재준이가 병교를 이겼다.

4. 친구가 공부를 못한다고 (   )해서는 안 된다.

5. 사람들의 삶의 (   )이 다양하다.

6. 동민이와 현수는 성격이 매우 (   )하다.

7. 추억의 장소에 왔더니 온갖 (   )이 떠오른다.

8. 연서는 숙제를 하느라 준혁이와 놀지 못해 ( )했다.

9. ( )에 아무것도 없어서 과자 하나 사지 못했다.

10. 고속도로 건설은 국토 개발의 ( )이다.

11. 준수와 채민이는 ( )가 넘친다.

12. 성호는 정원이에게 ( )적이었다.

13. 은하는 우연히 길에서 승범이를 ( )했다.

14. 진형이는 매년 ( )생 표창을 받았다.

| 정답 | 1. 주눅 들어 2. 푸대접 3. 백지 한 장의 차이 4. 멸시 5. 양상 6. 상이 7. 상념 8. 상심 9. 수중 10. 일환 11. 우애 12. 우호 13. 조우 14. 우등

5반 친구들은 생과일주스 프로젝트를 준비하느라 정신없이 바빴어요. 과일을 사고 다듬으며 준비하니 이제야 정말 **실감**(實感)[115]이 나기 시작했어요. 이렇게 **매매**(賣買)[116]를 손수 해 보다니 아마 초등학생 중에는 처음이 아닐까 싶어요. 수아 어머니께서는 아침에 얼음과 설탕 등을 싸 주시며 말씀하셨어요.

"더운 여름이 **대목**[117]이라 맛있게 만들면 잘 팔 수 있을 거야. 엄마도 나가 볼게."

"현수야, 왜 그렇게 **망부석**(望夫石)[118]처럼 서 있어?"

"**계란유골**(鷄卵有骨)[119]이라더니 왜 나는 하는 일마다 안 되는 거지?"

현수가 보고 있던 창문을 바라보니 먹구름이 몰려오고 있었어요.

"왜 맑던 하늘이 갑자기 비가 올 것 같이 변하냐고."

"소나기야. 아침에 잠깐 오고 갠다고 했어." 재준이가 말했어요.

"오, 날씨까지 조사하고 나왔어?"

"반장으로서 당연한 거 아니냐? 하하, 키위랑 사과 껍질이나 빨리 벗기자!"

재준이는 아주 능숙하게 칼로 사과를 깎기 시작했어요.

"오, 재준이 대단한데?"

"나는 칼을 못 쓰니까 과일 깎는 칼을 가지고 왔지."

수아와 지성이는 웃으면서 과일 깎는 칼을 꺼냈어요. 그렇게 생과일주스 준비를 하다 보니 재준이가 말한 대로 비가 그쳤고 햇볕이 교실 창문을 비추고 있었어요.

"자, 가자!"

아이들은 각자 책상, 의자, 메뉴판, 컵, 아이스박스 등을 들고 나갔어요. 준비하느라 지치기도 했지만 기대감이 더 컸어요. 정말로 가게를 운영해 본다니 신기하기만 했지요. 그런데 막상 나와 보니 세상에 이렇게 음료수와 아이스크림을 파는 가게가 **즐비**(櫛比)[120]했던가요? 정말 많았습니다. 아이들은 과연 초등학생들이 만들어 파는 생과일주스를 누가 살지 걱정도 되었고, 어색하기도 하고 부끄럽기도 했습니다. 그때 재준이가 앞으로 나가 크게 외쳤습니다.

"여러분! 저희는 햇빛초등학교에서 나온 5학년 5반입니다. 상큼한 생과일주스를 만들어 팔고 있습니다. 초딩들이 만드는 맛있는 생과일주스 맛보시고 더위를 식히세요!"

재준이의 모습을 본 친구들은 웃기 시작했습니다. 그리고 다 같이 생과일주스 송을 부르기 시작했어요.

"주스~ 주스~ 생생 생과일주스~ 이거 한 잔이면 톡톡 상큼해져요! 다 함께 생과일주스~."

그때 한 아저씨가 다가오셨어요.

"딸기 주스로 한 잔 부탁해요."

"네! 네! 잘 선택하셨습니다. 저희 생과일주스가 다 맛있지만 딸기

주스야말로 **일품**(一品)[121]입니다. 첫 잔은 반장인 제가 만들어 드리겠습니다."

재준이는 딸기와 얼음, 설탕을 넣고 믹서로 시원하게 갈았습니다. 그리고 가방에서 조그마한 통을 하나 꺼냈습니다.

"이게 뭔지 아십니까?"

"글쎄, 모르겠는데?"

아저씨는 갸우뚱거렸습니다.

"이것으로 말할 것 같으면 몸에 좋은 꿀입니다. **화룡점정**(畵龍點睛)[122]으로 딸기 주스에 떨어뜨리면 더 맛있는 생과일주스가 되죠."

재준이가 만든 딸기 주스를 받아 드신 아저씨는 한 모금 꿀꺽 마셨습니다. 그 순간 5학년 5반 친구들은 모두 쥐 죽은 듯이 조용했습니다. 첫 손님의 평가가 어떨지 긴장되었거든요.

"이야! 기대한 것보다 더 시원하고 맛있다!"

아저씨는 생과일주스값 3,000원을 주시고 웃으면서 그 자리를 떠나셨어요.

"꿀은 언제 준비했어?" 지성이가 깜짝 놀라며 재준이에게 물었습니다.

"**유비무환**(有備無患)[123] 모르냐? 내가 바로 언제든 준비되어 있는 반장이지!"

지성이는 재준이가 다르게 보였습니다.

"이제 첫 잔 팔았으니 아주 불티나게 팔릴 거야. 다 같이 힘내자!"

"그래!"

모두들 신이 났어요. 5반 친구들의 부모님도 잠깐씩 들렀다가 가시고, 초등학생들이 장사하고 있는 모습이 신기하신지 지나가던 동네 아주머니, 아저씨들이 구경을 하고 가시기도 했어요.

"어? 영준이잖아?"

"영준이? 네 동생?"

멀리서 수아 동생 영준이가 수아를 부르며 힘겹게 달려오고 있었어요. 영준이는 발달장애를 갖고 있다고 했어요.

"누나. 나, 이, 이거."

어눌한 말투로 영준이는 바나나 주스를 주문했어요. 수아가 영준이에게 주스를 갈아 주는 모습을 보자 리나는 수아에게 동생 이야기를 하며 놀렸던 게 부끄러워졌어요. 그렇게 장사를 하다 보니 어느덧 오후 두 시가 되었고 너무 더워서 다들 지쳐 갔어요.

"야, 몇 잔 남았어?"

"50잔쯤."

"반이나 남았네."

"반이나 판 거지."

"우리 재준이가 분위기 메이커구나." 담임 선생님이 말씀하셨어요. 선생님이 예상했던 대로 재준이가 제대로 장사에 **두각**(頭角)을 나

타냈던[124] 겁니다. 친구들도 한 명, 한 명 재준이의 리더십을 인정하기 시작했어요.

"그래. 또 힘내서 팔아 보자."

이제 5반 친구들은 다른 건물로 가서 손님을 끌어오기도 했어요. 그렇게 하다 보니 이제 5반의 생생 생과일주스 매대 앞은 잘 나가는 맛집을 **방불**(彷佛)**케**[125] 했어요. 마지막 잔까지 팔고 나니 벌써 오후 다섯 시였어요.

"생각보다 빨리 팔았다. 그렇지?"

재준이의 활기찬 목소리에 5반은 신이 났습니다. 그때 지성이가 재준이에게 다가왔어요.

"재준이 너, 이런 일에 **일가견**(一家見)[126]이 있구나. 내가 사람 보는 **안목**(眼目)[127]이 부족했나 보네."

"이제 알았냐? 자식."

생과일주스 팔기 프로젝트를 하면서 재준이는 반장으로 인정받았고, 현수는 리나의 지갑에 돈을 넣어 돌려주게 되었습니다. 아마 선생님은 재준이의 고민과 현수의 고민을 해결하기 위한 방법으로 생과일주스 팔기 프로젝트를 생각하셨나 봅니다.

어휘 톡톡!

어휘의 뜻을 함께 살펴보고 어휘가 들어간 짧은 예문을 읽어 보세요.

115 > **실감**(實感) : **열매 실**(實), **느낄 감**(感)

실제로 체험하는 느낌.

예) 현석이의 이야기는 **실감**이 나지 않는다.

116 > **매매**(賣買) : **팔 매**(賣), **살 매**(買)

물건을 사고파는 일.

예) 집을 **매매**하는 계약서를 쓰기 시작했다.

117 > **대목**

설이나 추석 따위의 명절을 앞두고 경기가 가장 활발한 시기. 또는 일의 어떤 특정한 부분이나 대상.

예) 추석 **대목**이라 시장은 사람들로 붐볐다.

  이 드라마는 꼭 결정적인 **대목**에서 끝난단 말이야.

118 망부석(望夫石) : **바랄 망(望), 남편 부(夫), 돌 석(石)**

정조를 굳게 지키던 아내가 멀리 떠난 남편을 기다리다 그대로 죽어 화석이 되었다는 이야기가 담긴 돌로, 어딘가를 보며 움직이지 않는 모습이나 정조를 지키는 아내의 모습을 가리킬 때 쓰인다.

예) 그 남자애는 엄마의 무덤을 보면서 **망부석**처럼 가만히 서 있었다.

〈망부석 유래 이야기〉

신라 눌지왕 때 박제상은 일본에 볼모로 있는 왕자를 구출하고 자신은 체포되어 죽임을 당해 돌아오지 못했습니다. 그의 아내는 높은 바위 위에서 멀리 일본을 바라보고 남편을 기다리며 통곡하다가 그대로 석상이 되어 버렸다는 전설이 있습니다. 뒷날 그 바위를 사람들은 '망부석'이라고 불렀답니다.

119 계란유골(鷄卵有骨) : **닭 계(鷄), 알 란(卵), 있을 유(有), 뼈 골(骨)**

운수가 나쁜 사람은 무엇을 해도 잘 안 된다는 뜻.

예) '**계란유골**'이라고 나는 뭘 해도 잘 안 된다니깐.

〈계란유골 유래 이야기〉

세종 때 이름난 재상인 황희 정승은 청렴한 성품을 지녀 지위가 높았지만 가난하여 먹을 것이 없었습니다. 이것을 안타깝게 여긴 세종이 "오늘 하루 동안 남대문으로 들어오는 물건을 모두 황희에게 주도록 하여라."라고 명령을 내렸습니다. 그런데 하필 그날따라 하루 종일 비가 내려서 사람들의 발길이 뚝 끊겨 남대문으로는 온종일 아무것도 들어오지 않았어요. 저녁때가 다 되어서야 겨우 계란 한 꾸러미가 들어왔죠. 그마저도 모두 곯은 것이어서 먹을 수가 없었습니다. 이것을 한문으로 옮기면서 알맞은 표현이 없어 유골(有骨), 즉 '골이 있다'로 적었습니다. 그러니까 '계란유골'은 '계란이 곯았다'라는 말로, 운수가 나쁜 사람은 모처럼 좋은 기회를 만나도 역시 일이 잘되지 않는다는 뜻으로 쓰이게 되었습니다.

120 ▶ 즐비(櫛比) **: 빗 즐**(櫛), **견줄 비**(比)

빗살처럼 줄지어 빽빽하게 늘어서 있는 것을 가리키는 말.

예) 고층 아파트가 **즐비**하게 서 있었다.

121 ▶ 일품(一品) **: 한 일**(一), **물건 품**(品)

품질이나 상태, 솜씨가 제일임.

예) 맛집의 음식은 **일품**으로 평가되었다.

122 ▶ 화룡점정(畵龍點睛) **: 그림 화**(畵), **용 룡**(龍), **점 점**(點), **눈동자 정**(睛)

그림에서 용의 눈동자를 그려 넣음. 무슨 일을 하는 데에 가장 중요한 부분을 완성함을 비유적으로 이르는 말.

예) 원피스에 재킷을 입고 **화룡점정**으로 예쁜 신발을 신었다.

〈화룡점정 유래 이야기〉

중국 남북조 시대 양나라에 장승요라는 인물이 있었습니다. 어느 날 그는 안락사란 절에서 절 벽면에 용을 그려 달라는 부탁을 받았습니다. 장승요가 붓을 들고 그림을 그리자 금방이라도 하늘로 솟아오르려는 듯 용들의 모습이 선명하게 드러났습니다. 사람들은 그 솜씨에 감탄했지요. 그런데 완성된 그림에 용의 눈이 없었습니다. 장승요는 이렇게 대답했습니다.

"눈을 그려 넣으면 용이 하늘로 날아가 버릴 것이오."

그러나 사람들은 믿지 않았고 용의 눈을 그려 넣을 것을 재촉했습니다. 결국 장승요는 한 마리의 용에 눈을 그려 넣었습니다. 그러자 갑자기 벽면을 박차고 솟아오른 용 한 마리가 구름을 타더니 하늘로 날아가는 것이었습니다. 이때부터 중요한 일의 마지막 마무리를 '화룡점정'이라 부르게 되었답니다.

123 유비무환(有備無患) : 있을 유(有), 갖출 비(備), 없을 무(無), 근심 환(患)

미리 준비가 되어 있으면 걱정할 것이 없음.

예) 저수지나 댐을 만들어 홍수나 가뭄에 대비하는 것은 **유비무환**의 태도다.

124 두각(頭角)을 나타내다 : 머리 두(頭), 뿔 각(角)

두각은 짐승의 머리에 있는 뿔, 뛰어난 학식이나 재능을 비유적으로 이르는 말로 그러한 능력을 남달리 두드러지게 보임을 이르는 말.

예) 그 아이돌 그룹은 새로 **두각**을 나타내기 시작했다.

125 **방불**(彷佛)**케 : 비슷할 방**(彷), **비슷할 불**(佛)

'방불(彷佛)하다'는 '거의 비슷하다'라는 뜻이며, '방불케(방불하게)'는 '비슷하게'라는 뜻이다.

예) 우리는 스포츠데이를 대비해서 실전을 **방불케** 연습했다.

126 **일가견**(一家見) **: 한 일**(一), **집 가**(家), **볼 견**(見)

어떤 문제에 대하여 자기 나름의 독특한 의견이나 실력 있는 견해를 갖는 것.

예) 우리 엄마는 요리에 **일가견**이 있다.

127 **안목**(眼目) **: 눈 안**(眼), **눈 목**(目)

사물의 좋고 나쁨, 진짜와 가짜를 구분하는 능력.

예) 그는 미술품에 있어 뛰어난 **안목**을 갖고 있다.

한자 톡톡!
|일|

관련 어휘 121. '일품(一品)', 126. '일가견(一家見)'

≫ '하나'를 뜻하는 일(一) ≪

 일괄(一括) : **한 일**(一), **묶을 괄**(括)

한데 묶음.

예) 영수증은 **일괄**적으로 처리하도록 할게.

 일거양득(一擧兩得) : **한 일**(一), **들 거**(擧), **두 양**(兩), **얻을 득**(得)

한 가지 일을 하여 두 가지 이익을 얻음.

예) 등산을 하면 운동도 하고 아름다운 자연도 볼 수 있으니 **일거양득**이야.

 비일비재(非一非再) : **아닐 비**(非), **한 일**(一), **아닐 비**(非), **두 재**(再)

한두 번이 아니라 여러 번.

예) 가난하다는 이유로 차별받는 일이 우리 사회에서 **비일비재**하다.

일상(日常) : 날 일(日), 항상 상(常)

날마다 반복되는 생활.

예) 학교와 학원만 왔다 갔다 하는 **일상**에서 벗어나 여행을 가고 싶다.

 일취월장(日就月將) : 날 일(日), 나아갈 취(就), 달 월(月), 장차 장(將)

나날이 다달이 자라거나 발전함.

예) 그 아이는 꾸준히 피아노를 연습하더니 실력이 **일취월장**했다.

 일과(日課) : 날 일(日), 매길 과(課)

날마다 규칙적으로 하는 일정한 일.

예) 내 **일과**의 시작은 노래를 듣는 것이다.

≫ '달아나다, 편안하다'를 뜻하는 일(逸) ≪

 일탈(逸脫) : 달아날 일(逸), 벗을 탈(脫)

정해진 것으로부터 빠져나옴.

예) 청소년들의 **일탈**은 사회적 문제다.

안일(安逸) **: 편안할 안**(安), **편안할 일**(逸)

편안하고 한가로움. 또는 편안함만을 누리려는 태도.

예) **안일**한 생각은 기업의 발전을 가져오지 않는다.

 일화(逸話) **: 달아날 일**(逸), **말씀 화**(話)

세상에 널리 알려지지 아니한 흥미로운 이야기.

예) 숨은 **일화**를 공개하다.

시험 문제 유출 사건

이번 학원 특강 빠지지 말고 엄마 말도 좀 들어 얘.

네... 네...

학원이랑, 숙제, 공부... 하아... 끝이 없네...

너, 뭐 하냐?

저희 반에서 시험 문제가 유출되었다는 소문이 있어요... 문제를 다시 낼게요.

기말고사 문제 유출

그렇게 하세요.

"이번 단원 평가에서는 꼭 올백 맞아야 한다. 초등학교 시험에서도 올백을 못 맞으면 중학교 가서는 어떻게 할래? 이번에 학원에서 하는 시험 특강도 빠지지 말고 듣고! 그 특강의 시험 문제 적중률이 가장 높은 거 알지? 얘가 엄마 말을 **귓전으로 듣고**[128] 있네? 명문 대학이 성공의 **등용문**(登龍門)[129]이라고 엄마가 몇 번이나 말했잖니?"

"듣고 있어요."

"이번에 올백 못 맞으면 학원 하나 더 보내야 할까 봐."

"또? 지금 하는 것도 숙제 때문에 힘들어 죽겠는데 또 가라고?"

"다른 애들은 더 많이 다니고 있어. 다른 애들 열심히 할 때 너는 놀고 있으면 되겠어? **맹목적**(盲目的)[130]으로 학원만 다니는 게 아니라 목표가 있어야지, 목표가!"

리나는 엄마 잔소리 듣는 건 질색이었기 때문에 대충 답하고 집에서 나왔습니다.

"엄마, 나 학원 다녀올게요."

리나는 영어 학원에 가서 단어 시험을 봤어요. 하나라도 틀리면 남아서 더 공부를 하고 가야 했어요.

'아이고, 내 신세야. 집에 가서는 또 수학 숙제, 영어 숙제, 한자 숙제, 논술 숙제, 학교 숙제까지 해야 하는데.'

리나는 학원이 끝나고 콜라 한 잔을 사서 마시며 아파트 놀이터를 한 바퀴 돌았어요. 신세를 **한탄**(恨歎)[131]할 곳도 없는 것 같았지요.

'얘는 학원 간다더니 왜 **함흥차사**(咸興差使)[132]야.'

엄마는 학원이 끝날 시간이 지났는데도 바로 들어오지 않는 리나가 걱정되었습니다. 그때 집 비밀번호를 누르는 소리가 들렸고, 리나 엄마의 걱정은 그 순간 화로 바뀌었습니다.

"최리나!"

화난 엄마 목소리에 리나는 우울해졌고 방으로 들어가 바로 잠을 청했습니다. 리나는 다음 날 아침 학교로 갔어요.

"리나야, 이거 숙제 검사할 건데 가는 길에 학년 연구실에 좀 가져다 놓아 줄래?"

선생님께서 리나를 불러 심부름을 시키셨어요.

"네."

리나는 숙제 꾸러미를 들고 연구실 문을 열었어요. 조용한 연구실의 책상 위에 숙제 더미를 올려놓고 나오려는데 바로 옆에 수학 시험지가 가지런히 놓여 있었어요.

'어? 이게 뭐지? 이번 단원 평가 시험지인가?'

리나는 가슴이 뛰었어요. 시험지 한 장만 있으면 수학 시험은 백점 맞을 수 있어요. 가장 자신 없는 수학만 백점을 맞으면 올백도 자신 있었어요. 그러면 학원 하나를 더 다닐 필요도 없을 거고요. 순간 리나의 마음에서는 별별 생각이 다 들었어요. 어느새 리나는 시험지 한 장을 슬쩍 훔치고 있었어요.

그 순간 담임 선생님께 할 말이 있었던 재준이가 연구실 문을 열었고, 리나가 시험지를 챙겨 호주머니에 넣는 것을 보고 말았어요.

"리, 리나야."

그 순간 재준이 옆에는 병교도 서 있었어요. 리나는 재준이, 병교와 눈이 마주쳤어요.

"최리나, 네가 엄청난 일을 저지른 것 같은데. 어떻게 해야 하냐."

"재준아…. 제발 입 다물어 줘."

"입 다물 게 따로 있지."

"나 시험지 안 봤어. 제자리에 두면 아무도 몰라. 부탁해."

리나는 재준이와 병교에게 말했어요. 재준이와 병교는 어쩔 줄 몰라 했어요. 결국 두 친구는 그 자리에서 바로 리나를 선생님께 데려가지는 않았어요. 하지만 어느새 5학년에는 소문이 돌기 시작했어요. 단원평가 시험 문제가 **유출**(流出)[133]되었다는 소문이었어요. 누가 시험지를 가져갔는지도 모르고, 누가 그 소문을 냈는지도 모르지만, 그런 소문이 돌기 시작했지요. 5학년 선생님들은 깜짝 놀라 회의를 열었어요.

"시험 문제 한 번 내려면 얼마나 힘이 드는데 애들 말에 **불과**(不過)[134]한 것을 우리가 믿어야 합니까?"

"아니 땐 굴뚝에 연기 나지 않는다고 했습니다. 찜찜하니 다시 문제를 출제하도록 하죠."

"사실 이 선생님 말씀이 **기우**⁽杞憂⁾**135**인 것 같다는 생각이 들기는 합니다. 굳이 그렇게까지 해야 하나 싶기도 하고 말입니다."

"시험지가 책상 위에 있었고, 그 사이에 학생이 출입했을 수도 있습니다. 제대로 관리를 못한 탓이지요. 그러면 제가 다시 출제하도록 하겠습니다."

"그러면 그렇게 하세요."

결국 이서윤 선생님이 시험 문제를 다시 내기로 하고 회의가 끝났습니다.

어휘의 뜻을 함께 살펴보고 어휘가 들어간 짧은 예문을 읽어 보세요.

128 **귓전으로 듣다**

관심을 기울이지 아니하고 건성으로 듣는다는 뜻이다.

예) 몇 번이나 말했지만 동생은 컴퓨터 게임을 하며 내 말을 **귓전으로 들었다.**

129 **등용문**(짤龍門) : **오를 등**(짤), **용 용**(龍), **문 문**(門)

용문(龍門)에 오르다. 즉 어려운 관문을 통과하여 크게 출세하게 된다는 뜻이며, 그런 관문 자체를 말할 때도 쓰인다. 잉어가 중국 황하(黃河)강 상류의 급류인 용문에 오르면 용이 된다는 전설에서 유래했다.

예) 예로부터 국가고시는 출세의 **등용문**으로 여겨졌다.

130 **맹목적**(盲目的) : **눈멀 맹**(盲), **눈 목**(目), **과녁 적**(的)

눈이 안 보이는 것처럼 자신의 주관이나 원칙 없이 덮어놓고 무조건 행동하는 것.

예) 그 남자는 자신의 보스에게 **맹목적**으로 충성을 다했다.

한탄(恨歎) : 한 한(恨), 탄식할 탄(歎)

원통하거나 뉘우치는 일이 있을 때 한숨을 쉬며 탄식함 또는 그 한숨.

예) 그는 사기꾼에게 당하고 자신의 무식을 **한탄**했다.

132 함흥차사(咸興差使) : **다 함**(咸), **일 흥**(興), **다를 차**(差), **하여금 사**(使)

심부름을 가서 오지 아니하거나 늦게 온 사람을 이르는 말.

예) 심부름을 보낸 지가 언젠데 아직도 **함흥차사**란 말인가.

〈함흥차사 유래 이야기〉

이성계는 조선이라는 새 나라를 세워 임금의 자리에 올랐습니다. 하지만 아들들이 서로 다음 임금이 되려고 싸움을 벌였지요. 그 싸움의 장본인은 다섯째 아들 방원이었습니다. 이성계는 아들들이 서로를 죽이기까지 하자 세상사에 뜻을 잃어 임금의 자리를 내놓고 먼 함흥 땅으로 들어가 아예 세상과 인연을 끊어 버렸습니다.

태종은 아버지를 다시 한양 땅으로 모셔 오려고 애를 썼습니다. 왕의 심부름꾼인 차사를 수도 없이 함흥으로 보냈지요. 하지만 화가 머리끝까지 나 있던 이성계가 태종이 보낸 차사를 오는 족족 죽여서 함흥에 간 차사들은 아무도 돌아오지 못했습니다. 형제끼리 피를 부르는 싸움을 하는 걸 지켜본 태조의 분노에 심부름꾼만 애꿎게 목숨을 잃은 것입니다. 그때부터 가고는 돌아올 줄 모르는 사람을 가리켜 '함흥차사'라고 부르게 되었습니다.

133 > 유출(流出) : 흐를 유(流), 날 출(出)

밖으로 흘러 나가거나 흘려 내보냄. 또는 귀중한 물건이나 정보 따위
가 불법적으로 나라나 어떤 조직의 밖으로 나감.

예) 원유가 **유출**되었다.

　우리나라의 소중한 문화재를 **유출**하여 붙잡힌 사람들이 뉴스에 나왔다.

134 > 불과(不過) : 아닐 불(不), 지날 과(過)

겨우 그 수량에 지나지 않는다는 뜻.

예) 그 사실을 아는 사람은 **불과** 몇 명뿐이었다.

135 > 기우(杞憂) : 나라 이름 기(杞), 근심 우(憂)

앞일에 대해 쓸데없는 걱정을 함. 옛날 중국 기나라에 살던 사람이
'만일 하늘이 무너지면 어디로 피할까?' 하고 무용한 걱정을 하였다
는 데서 유래했다.

예) 시간이 지날수록 내가 했던 걱정들이 **기우**였다는 사실을 깨달아 갔다.

한자 톡톡!
| 유 |

관련 어휘 133. '유출(流出)**'**

» '있다'를 뜻하는 유(有) «

 유능(有能) **: 있을 유**(有)**, 능할 능**(能)

어떤 일을 남들보다 잘하는 능력이 있다.

예) **유능**한 인재가 되기 위해서는 열심히 노력해야 한다.

 유효(有效) **: 있을 유**(有)**, 본받을 효**(效)

보람이나 효과가 있음.

예) 식품을 구매할 때는 **유효** 기간을 확인해야 한다.

 유구무언(有口無言) **: 있을 유**(有)**, 입 구**(口)**, 없을 무**(無)**, 말씀 언**(言)

입은 있어도 할 말은 없다, 변명할 말이 없음.

예) 스스로 내 잘못이라는 것을 알았으니 **유구무언**이다.

» '기름'을 뜻하는 유(油) «

 유인물(油印物) : **기름 유**(油), **도장 인**(印), **물건 물**(物)

인쇄기, 프린터를 이용하여 만든 인쇄물.

예) 영어 선생님께서는 단어 뜻이 적힌 **유인물**을 따로 나눠 주셨다.

 유화(油畵) : **기름 유**(油), **그림 화**(畵)

서양화에서 물감을 기름과 섞어 그리는 그림.

예) 친구 집에 걸린 **유화**가 눈에 띄었다.

» '―로부터'를 뜻하는 유(由) «

 유래(由來) : **말미암을 유**(由), **올 래**(來)

사물이나 일이 생겨남.

예) 음식의 이름이 **유래**된 이야기가 있다.

 연유(緣由) : **인연 연**(緣), **말미암을 유**(由)

무슨 일의 이유, 일의 까닭

예) 나는 그녀가 무슨 **연유**로 회사를 그만두게 되었는지 알지 못한다.

리나, 가출하다! ✏️

"리나 정말 너무하지 않냐? 지난번에 시험 문제 훔쳤다는 거 정말이라며?"

"응. 증인이 있다던데?"

"해도 해도 너무하는 거 아니냐? 수아가 왕따당하게 **조장**(助長)[136]한 것도 사실 리나잖아."

"리나가 했던 행동들, 우리가 알고 있는 건 **빙산**(氷山)**의 일각**(一角)[137]이잖아."

"맞아. 저렇게 시험지를 훔치고도 **태연**(泰然)[138]하게 있는 거 보면 정말 **염치**(廉恥)[139]없어."

"너 그거 알아?"

"뭐?"

"처음에 재준이가 반장으로 뽑힌 거, 리나가 한 짓이래."

"무슨 소리야?"

"재준이가 참다 참다 못해서 병교한테 말한 거를 내가 우연히 들었거든. 재준이가 반장이 되게 만들어 주고 수아 따돌림에 동참하도록 리나가 시킨 거야."

"뭐야? 어떻게 그런 일을 꾸미냐? 어떻게 보면 재준이는 **어부지리**(漁夫之利)[140]네. 수아랑 리나 사이가 안 좋아서 반장이 된 거잖아."

"그렇다고 볼 수 있지. 뭐, 재준이가 했던 행동도 좀 그렇지만 리나에 비하면 양반이지. 아무래도 리나 행동은 우리가 이해할 수 있는 **마**

지노선[141]을 넘은 것 같아."

"맞아. 맞아. 그래도 우리랑 친하게 지냈었는데 모른 척하자니 양심에 찔리긴 하고 또 걔가 우리한테 떡볶이 잘 쏘잖아."

"**계륵**(鷄肋)[142]이다. 계륵."

리나와 친하게 지냈던 다연이, 민서, 지영이가 이야기를 하고 있었습니다. 리나는 그 이야기를 듣고 말았습니다.

"너희 뭐 하는 거야?"

"뭐 하기는. 친구를 **업신여기는**[143] 사람이 우리 반에 있어서 참 **유치**(幼稚)**하고**[144] **가증**(可憎)**스럽구나**[145] 생각하고 있었지."

"가자, 다연아."

리나는 얼굴이 화끈거렸습니다. 하지만 이 상황에서 무슨 말이든 하게 된다면 감정에 복받쳐서 **횡설수설**(橫說竪說)[146]이 될 것 같았어요. 또 아무 소용도 없을 것 같았죠. 그때부터 친구들은 리나를 피하기 시작했습니다.

"리나야, 학교 가야지."

"안 가."

"너 왜 그래? 얼굴에 **수심**(愁心)[147]이 가득하네?"

"학교 가면 **사방**(四方)[148]이 다 적인데 내가 어떻게 학교에 가?"

"왜? 무슨 일 있어?"

"됐어."

"너 친구 문제로 신경 쓰이면 단원 평가 못 봐. 고학년부터는 얼마나 중요한지 너도 잘 알잖아. 지금 열심히 안 하면 지금까지 했던 거 **도로아미타불**¹⁴⁹ 된다고."

"엄마는 또 공부 이야기지."

'엄마는 말로는 내가 제일 행복하면 된다고 해 놓고 학원만 엄청 보내잖아. 엄마는 **모순**(矛盾)¹⁵⁰ 덩어리야.'

친구들에게 수학 시험지를 훔친 도둑이라는 말을 들었을 때 사실 리나는 억울했습니다. 훔칠 뻔하긴 했으나 정말 훔치진 않았고 문제도 다 바뀌었거든요. 그래서 수학 학원을 하나 더 다녀야 할 판인데 시험지 도둑이라는 **오명**(汚名)¹⁵¹까지 쓰고 학교에 갈 수는 없었습니다. 왕따가 되고 나서 친구들은 하는 일마다 **트집**¹⁵²을 잡았어요. 친구들의 눈길은 도끼날처럼 **서슬 퍼렜어요**¹⁵³. 그동안 반에서 있었던 모든 일이 리나의 행동에서 **비롯되었다**¹⁵⁴고 생각하는 것 같았습니다. 사실 어느 정도는 맞는 말이기도 하지요. 리나가 친구들에게 했던 행동이 **고스란히**¹⁵⁵ 되돌아오는 것 같았습니다. 따돌림을 시켜는 봤지만 당해 본 적이 없었던 리나는 매일매일 학교 가는 게 괴로웠습니다.

"학생이 학교에 안 간다는 게 말이 되니? 괜한 어리광 부리지 말고 빨리 나가."

'엄마는 공부밖에 몰라. 공부, 공부. 내가 없어져야 걱정이 되려나?'

학교에 가는 건 용기가 없었고 학원에 가는 건 싫었고 집에 가는 것도 불안했습니다. 그러자 집을 나가 버리자는 생각이 들었어요. 리나는 학교에 가지 않고 집 근처 공원으로 갔어요. 학교 밖 세상이 이렇게도 아름다웠나 싶었어요. 하늘하늘 불어오는 바람을 맞으면서 앉아 있는데 정말 좋은 거 있죠? '친구들이 나를 따돌리지 않을까?' 하는 생각을 하지 않아서 좋았고, 수아를 보며 질투심을 느끼지 않아서 좋았어요. 엄마가 단원 평가 이야기를 하며 주는 스트레스를 견디지 않아도 되니 그것도 좋았어요. 이대로 공원에서 살았으면 좋겠다는 생각마저 들었어요. 슬슬 배가 고파진 리나는 근처 편의점으로 가서 컵라면을 하나 샀습니다.

"너는 학교 안 가니?"

평일 오전에 편의점에 컵라면을 사러 온 초등학생이 걱정되었는지 편의점 아저씨가 물었어요.

"오늘 학교 개교기념일이에요."

"그래?"

리나는 컵라면에 따뜻한 물을 부어 공원으로 다시 갔어요. 적당하게 익어 쫄깃해진 면발을 후루룩 먹으니 세상을 다 가진 기분이 들었어요. 그때 갑자기 휴대폰이 울렸어요. 엄마였어요.

'담임 선생님이 분명 내가 학교에 안 왔다고 연락하신 거겠지.'

리나는 전화를 받지 않았어요. 그러자 문자가 왔어요.

'최리나, 지금 어디니? 어떻게 학교까지 빼먹어? 어디 간 거야? 도대체 어떤 친구한테 **현혹**(眩惑)**156**돼서 이런 **얼토당토않은157** 일을 저지르는 거야? 당장 학교로 가.'

엄마의 문자를 보고 리나는 휴대폰 전원을 꺼 버렸어요. 컵라면을 다 먹고 리나는 어디에 가야 할까 고민했지만, 막상 갈 곳이 떠오르지는 않았어요. 조금만 걸어가면 친구들과 주말에 가끔 놀러 가던 시내 거리가 있어요. 예쁜 액세서리와 문구류를 파는 가게도 있고요. 리나는 시내에 가서 이것저것 구경했어요. 하지만 친구들과 올 때는 그렇게도 재미있던 구경이 심심하기만 했어요. 딱히 돈도 없어서 마음에 드는 스티커도 살 수 없었어요.

'학교에 있을 때는 시간이 금방 가더니 오늘은 왜 이렇게 시간이 안 가는 거야.'

리나는 또 어디에 가야 할까 고민했어요. 일단 집에서 떨어진 아파트 단지 놀이터로 갔어요.

'엄마가 걱정하고 있겠지? 날 학원에 많이 보냈던 것을 후회하고 있을 거야. 친구들 안 보니까 속이 다 시원하다.'

이런저런 생각을 하면서 놀이터에서 그네를 탔어요. 그러다가 호주머니에서 종이 한 장을 꺼냈어요. 바로 노란 고민 종이였어요. 리나는 종이를 만지작거렸어요.

'선생님, 저 요즘 너무 힘이 들어요. 우리 반 왕따가 되었거든요. 사실 집에서도 스트레스 받아서 너무 힘들어요. 지금도 다니는 학원이 너무 많은데 엄마는 더 다니라고 하세요. 말할 친구들도 없고 집에 말하면 공부에 방해된다고만 하실 거고….'

다들 학원에 갔는지 초등학생으로 보이는 아이들은 보이지 않았어요. 그리고 점점 어두워졌죠. 밤이 되자 집 근처 놀이터조차도 **영락**(零落)**없이**[158] 귀신의 집이었어요. **을씨년스러운**[159] 분위기가 금방이라도 무엇인가 튀어나올 것만 같았어요.

'여기서 밤을 보낼 수는 없는데 어디 가지?'

리나는 갈 곳이 더 이상 떠오르지 않자 휴대폰을 켜서 인터넷에 접속했어요. 데이터가 많지 않지만, 지금은 데이터를 써야 하는 중요한 때니까요. '초등학생 가출'이라고 입력하고 검색하기 시작했어요. 하지만 여전히 딱히 갈 수 있는 곳은 없었어요. 점점 날씨도 추워지고 밤도 어두워지기 시작했죠.

한편 집에서 리나의 연락을 기다리고 있던 리나 엄마는 리나에게 혹시 안 좋은 일이라도 생길까 봐 **전전긍긍**(戰戰兢兢)[160]했습니다. 처음에 학교에 리나가 나오지 않았다는 전화를 받았을 때는 얼마나 깜짝 놀랐는지 모릅니다. 회사를 조퇴하고 집으로 와서 주변을 둘러보고 휴대폰으로 전화를 해도 받지 않았습니다. 학원에서도 역시 리나가 오지 않았다고 전화가 왔습니다. **공교(工巧)롭게도**[161] 리나가 가출한 날은 리나의 생일이기도 했습니다.

'이런 날 도대체 어쩌자고 가출을 한 거니.'

리나 어머니의 손수건이 눈물에 **흥건하게**[162] 젖었어요.

어휘의 뜻을 함께 살펴보고 어휘가 들어간 짧은 예문을 읽어 보세요.

136 조장(助長)하다 : 도울 조(助), 길 장(長)

바람직하지 않은 일을 더 심해지도록 부추기다.

예) 광고는 과소비를 <u>조장</u>한다.

137 빙산(氷山)의 일각(一角) : 얼음 빙(氷), 메 산(山), 한 일(一), 뿔 각(角)

빙산처럼 대부분이 숨겨져 있고 외부로 나타나 있는 것은 극히 일부분에 지나지 아니한 것을 비유적으로 이르는 말.

예) 그 사건에 대해 드러난 사실은 **빙산의 일각**일 뿐이다.

138 태연(泰然) : 클 태(泰), 그럴 연(然)

두려워할 상황에서 아무렇지도 않은 듯이 보임.

예) 학예회에서 혼자 노래를 부르게 된 민지는 자기 차례가 돌아와도 <u>태연</u>했다.

139〉 염치(廉恥) **: 살필 염**(廉), **부끄러울 치**(恥)

체면을 차릴 줄 알며 부끄러움을 아는 마음.

예) 그렇게 자꾸 부탁하는 건 **염치**없는 일이야.

140〉 어부지리(漁夫之利) **: 고기 잡을 어**(漁), **남편 부**(夫), **갈 지**(之),
이로울 리(利)

어부의 이익. 두 사람이 이해관계로 서로 싸우는 사이에 엉뚱한 사람
이 애쓰지 않고 이익을 가로채는 것을 나타내는 말.

예) 제일 실력이 출중했던 두 선수가 탈락하는 바람에 **어부지리**로 그가 우승했다.

〈어부지리 유래 이야기〉

도요새가 무명조개의 속살을 먹으려고 부리를 조가비 안에 넣는 순간 무명
조개가 껍데기를 꼭 다물고 부리를 놓지 않자, 서로 다투는 틈을 타서 어부
가 둘 다 잡아 이익을 얻었다는 데서 유래한다.

141〉 마지노선

절대 허용할 수 없는 마지막.

예) 이 가격이 제가 해드릴 수 있는 **마지노선**입니다.

제2차 세계 대전 때 독일이 폴란드를 공격하여 점령하자, 국경이 근접해 있던 프랑스가 1927년부터 1936년까지 전쟁을 염두에 두고 프랑스와 독일 국경을 따라 긴 요새를 건설하게 되었는데, 이 요새를 '마지노선'이라고 부르게 되었습니다. 이 요새 건설을 제안한 육군 장성의 이름인 '앙드레 마지노 (André Maginot)'에서 유래한 것이죠. '뚫려서는 안 될 최후의 보루'라는 의미를 가지고 있습니다.

---

(142) **계륵**(鷄肋) : 닭 계(鷄), 갈빗대 륵(肋)

닭의 갈비. 살이 없는 건 아니지만 양이 너무 적은, 말하자면 먹기엔 별로인데 버리긴 아까운 부위이다. 그다지 큰 소용은 없으나 버리기에는 아까운 물건이나 상황을 뜻한다.

예) 내 책상 서랍에 **계륵** 같은 물건이 가득 차 있다.

〈계륵 유래 이야기〉

계륵이란 말은 삼국지의 조조에게서 나온 말이에요. 촉나라를 세운 유비는 익주 지방을 점령하고 그 옆에 있는 조조의 영토인 한중을 공략해 점령하게 됩니다. 조조는 빼앗긴 땅을 되찾기 위해 군을 끌고 가 오랜 기간 싸움을 벌였으나 별다른 이득을 보지 못했지요. 게다가 먼 길을 원정한 상태였기 때문에 날이 갈수록 식량 보급까지 속을 썩여 이도 저도 못 하는 상황에 몰리고 있었어요.

그러던 어느 날 닭곰탕을 먹던 조조는 밤에 어떻게 할지 명령을 내려 달라는 병사에게 '계륵'이라고 외칩니다. 병사들은 어리둥절했습니다. 하지만 조조의 부하였던 양수는 그 뜻을 헤아려 철군 채비를 하였습니다. 병사들이 그 이유를 묻자 양수는 "계륵은 먹자니 먹을 게 별로 없고 버리자니 아까운 것입니다. 즉 현재 전하가 생각하는 한중 역시 계륵과 같은 것이기에 철군을 결심한 것이오."라고 답했습니다. 며칠 후 조조는 한중으로부터 철군 명령을 하였다고 합니다.

143 > 업신여기다

남을 낮추어 보거나 하찮게 여기다.

예) 함부로 남을 **업신여기지** 마라.

144 > 유치(幼稚)하다 : 어릴 유(幼), 어릴 치(稚)

나이가 어리다. 수준이 낮거나 미숙하다.

예) 이 프로그램은 **유치**해서 볼 수가 없다.

145 > 가증(可憎)스럽다 : 옳을 가(可), 미울 증(憎)

몹시 괘씸하고 얄밉다.

예) 적보다 더 **가증스러운** 배신자, 친일파 앞잡이들에게 너무도 화가 났다.

146 > 횡설수설(橫說竪說) : **가로 횡**(橫), **말씀 설**(說), **세울 수**(竪), **말씀 설**(說)

말을 두서없이 이렇게 했다 저렇게 했다가 하며 아무렇게나 떠드는 것.

예) 아빠는 술에 취해 혀가 꼬부라진 소리로 **횡설수설**하셨다.

147 > **수심**(愁心) : **근심 수**(愁), **마음 심**(心)

걱정하는 마음.

예) 그녀는 통장에 남은 돈을 보며 얼굴에 **수심**이 가득 찼다.

148 > **사방**(四方) : **넉 사**(四), **방위 방**(方)

동, 서, 남, 북 네 방위를 이르는 말. 여러 곳을 의미하기도 한다.

예) 그는 천천히 **사방**을 둘러보고 입을 열었다.

149 > **도로아미타불**

공들인 일이 헛일이 됨. 순간의 실수로 그동안 애썼던 게 수포로 돌아간다는 뜻.

예) 한순간의 실수로 노력했던 일이 **도로아미타불**이 되었다.

〈도로아미타불 관련 이야기〉

"십 년 공부 도로아미타불이 되었다." 같은 탄식의 말을 자주 듣습니다. 불교에서 '공부(工夫)'라는 것은 학문을 배우고 인간이 되려는 노력으로 참선과 염불, 기도를 의미합니다. '도로(徒努)'라는 것은 보람 없이 애만 쓰는 헛수고, '아미타불(阿彌陀佛)'은 서방 극락 세계의 부처님을 말합니다.

옛날 어떤 고을로 동냥을 갔던 젊은 중이 그 마을의 예쁜 처녀를 보고 그만 상사병에 걸렸습니다. 중은 번민 끝에 처녀에게 청혼을 했지요. 처녀는 10년 동안 동거하되 손목도 잡지 말고 바라만 보고 지내면 그 후에는 결혼하겠다고 약속했습니다. 동거가 시작되어 10년이 가까워진 어느 날 밤에 중은 참지 못하고 그만 처녀의 손을 잡아 버리고 말았습니다. 손을 잡으니 깜짝 놀란 처녀는 파랑새가 되어 날아가 버렸고, 10년 동안의 노력이 허사가 되고 말았답니다. 여기서 '십 년 공부 도로아미타불'이라는 속담이 생겨났다고 합니다.

150 ⟩ 모순(矛盾) : 창 모(矛), 방패 순(盾)

어떤 사실의 앞뒤. 혹은 두 사실이 이치상 어긋나서 서로 맞지 않음을 이르는 말.

예) 원래 인생은 **모순**투성이다.

⟨모순 유래 이야기⟩

중국 초나라에 창(矛)과 방패(盾)를 파는 상인이 있었습니다. 그는 창과 방패를 팔면서 이렇게 말했습니다. "내가 파는 창은 어떤 방패로도 막지 못한다. 어떤 방패든 다 뚫는다. 그리고 내가 파는 방패는 어떤 창도 뚫지 못한다.

다 막아 낼 수 있다." 그 말을 듣고 있던 손님이 "그 창으로 그 방패를 뚫으면 어떻게 되오?"라고 묻자 상인은 아무 말도 하지 못했어요. 여기서 앞뒤가 맞지 않는, 말도 안 되는 말을 '모순'이라고 하게 되었습니다.

151 > 오명(汚名) : 더러울 오(汚), 이름 명(名)

더러워진 이름이나 명예.

예) 그는 거짓말쟁이라는 **오명**을 벗기 위해 진실만 말하려 노력했다.

152 > 트집

공연히 조그만 흠을 들추어내어 불평하거나 시비를 검.

예) 부장님은 공연히 옷으로 **트집**을 잡아 혼을 내시기 시작하셨다.

〈트집 유래 이야기〉

옻나무에서 옻을 채취할 때, 나무껍질에 일부러 생채기를 냅니다. 그러면 거기서 나무의 진액이 흘러나오는데, 그것으로 옻칠의 원료를 만들지요. 이 생채기를 '트집'이라고 하는데, 살아 있는 나무에 트집을 잡는 것을 '생트집'이라고 합니다. 그래서 까닭도 없이 시비를 거는 것을 '트집'이라고 부른답니다.

153 > 서슬이 푸르다 / 퍼렇다

기세가 무섭고 등등함을 이르는 말. '서슬'이란 쇠붙이로 만든 연장이

나 유리 조각 따위의 날카로운 부분으로 '서슬이 푸르다'는 칼날 같은 날붙이가 날카롭게 빛나는 것을 말한다. 이 말이 사람에게 쓰일 때는 '권세나 기세 따위가 대단하다'라는 뜻이다.

예) 핏발이 선 그 남자의 눈길은 **서슬이 퍼레서** 너무도 두려웠다.

154 〉 비롯되다

처음으로 시작되다.

예) 친구와의 싸움은 나로부터 **비롯되었다는** 사실을 인정한다.

155 〉 고스란히

건드리지 않아 변하지 않고 그대로 온전한 상태로.

예) 나는 우산이 없어 비를 **고스란히** 맞고 집으로 갔다.

156 〉 현혹(眩惑) : 어지러울 현(眩), 미혹할 혹(惑)

정신을 빼앗겨 해야 할 바를 잊어버림.

예) 남의 말에 **현혹**되어 그렇게 가족까지 저버리다니.

157 〉 얼토당토않다

전혀 합당하지 않은.

예) **얼토당토않은** 논리로 나를 설득하려고 하지 마라.

158 영락(零落)**없다** : 나머지 영(零), 떨어질 락(落)

조금도 틀리지 아니하고 꼭 들어맞다. 원래는 숫자를 나눌 때 딱 맞아떨어져 나머지가 0이 되었다는 말이다. 사리가 분명하고 이치에 딱 들어맞는다는 뜻이다.

예) 그가 하는 행동을 보니 **영락없이** 바보가 맞구나.

159 을씨년스럽다

날씨나 분위기 따위가 몹시 스산하고 쓸쓸하다.

예) 나뭇가지가 앙상한 겨울이 되고 바람까지 불자 분위기가 **을씨년스러웠다.**

〈을씨년스럽다에 대한 유래 이야기〉

을사년은 1905년에 일본 제국이 이완용 등 을사오적이라고 부르는 친일파들을 앞세워 강제로 우리나라의 외교권을 빼앗은 해입니다. 을사조약으로 우리나라가 일본의 식민지가 되자 온 국민이 슬퍼하며 치욕스러워했고, 그 당시 분위기가 무척 스산했습니다. 그래서 마음이나 날씨가 어수선하고 흐린 것을 '을사년스럽다'고 표현했고, 그것이 지금의 '을씨년스럽다'가 된 것입니다.

160 전전긍긍(戰戰兢兢) : 싸움 전(戰), 떨릴 긍(兢)

몹시 두려워서 벌벌 떨며 조심함.

예) 난 꿈에서 일어났던 일이 실제로 일어날까 봐 **전전긍긍**했다.

161 > **공교(工巧)롭다 : 일 공(工), 공교할 교(巧)**

생각하지 않거나 뜻하지 않던 사실이나 사건이 우연히 일어남.

예) 아빠와 엄마의 생일은 **공교롭게도** 같았다.

162 > **흥건하게**

물 따위가 푹 잠기거나 고일 정도로 많다.

예) 대걸레에 물을 너무 많이 묻혀 교실 바닥에 물이 **흥건하게** 고였다.

한자 톡톡!
공

관련 어휘 161. '공교(工巧)롭다'

≫ '공평하다, 드러내다'를 뜻하는 공(公) ≪

 공고(公告) : **공평할 공**(公), **알릴 고**(告)

널리 많은 사람에게 알림.

예) 그 가게에 새로운 직원을 모집한다는 **공고**가 붙었어.

 공인(公人) : **드러낼 공**(公), **사람 인**(人)

사적인 일이 아닌 공적인 일을 하는 사람.

예) 공무원은 **공인**으로서 자기의 책임을 다해야 한다.

 공공(公共) : **공평할 공**(公), **함께 공**(共)

국가나 사회에 관련된 것.

예) 그는 **공공** 도서관에 근무한다.

» '공로'를 뜻하는 공(功) «

 공로(功勞) : 공 공(功), 일할 로(勞)

일을 끝내거나 목적을 이루는 데 들인 노력과 수고.

예) 이번 경기의 승리는 그의 **공로**가 가장 크다.

 공신(功臣) : 공 공(功), 신하 신(臣)

나라에 공로가 있는 신하.

예) 그는 조선 건국의 **공신**이었다.

 성공(成功) : 이룰 성(成), 공 공(功)

목적을 이룸.

예) **성공**을 위해서는 끊임없는 노력을 해야 한다.

» '함께'를 뜻하는 공(共) «

 공감(共感) : 함께 공(共), 느낄 감(感)

다른 사람의 감정, 의견, 주장 따위에 대하여 자기도 그렇다고 느낌.

예) 그 책은 나에게 **공감**을 불러일으켰다.

어휘 테스트

다음 문장을 읽고 (   ) 안에 들어갈 어휘를 [보기]에서
골라 써 보세요.

보기

계란유골	고스란히	등용문	불과	실감
안목	연유	염치	유능	유치	일가견
일탈	일품	태연	특집	한탄

1. 오늘이 벌써 시험 보는 날이라니 (   )이 안 난다.

2. (   )이라더니 여행도 못 가게 되었는데 감기까지 걸렸네.

3. 준이 그림 실력은 정말 (   )이야. 엄청 생생해.

4. 성호가 운동에는 좀 (   )이 있는 편이지.

5. 경호 (   )을 믿고 옷을 샀다간 큰일 나.

6. 동민이가 학교에 가지 말고 놀러 가자고 (   )을 제안해 왔다.

7. 여기가 웹툰 작가의 (   )이라니 과연 다들 솜씨가 예사롭지 않다.

8. 은하는 매일 자기가 왜 정원이랑 짝을 해야 하냐고 (   )했다.

9. (   ) 며칠 전까지 기분이 좋아 보이던 승범이는 요즘 우울해 보인다.

10. 이번 조수는 (   )하기가 짝이 없군!

11. 네가 늦은 (   )를 밝히기 전까진 같이 놀 생각은 하지도 마!

12. 상훈이는 약속에 늦고도 안 늦었다는 듯 (   )하게 굴어서 얄미웠다.

13. 상훈이가 (   )가 있다면 사과를 했을 텐데.

14. 우진이 형은 우리보다 고작 한 살 많으면서 우리가 (   )하게 논다고 놀린다.

15. 엉뚱한 걸로 (   ) 잡으려고 하지 말고 솔직하게 내가 싫다고 말해!

16. 잘못은 경민이가 했는데 피해는 (   ) 우리가 입었다.

│정답│ 1. 실감 2. 계란유골 3. 일품 4. 일가견 5. 안목 6. 일탈 7. 등용문 8. 한탄 9. 불과 10. 유능 11. 연유 12. 태연 13. 염치 14. 유치 15. 트집 16. 고스란히

리나의 고민 종이

인터넷 검색으로도 딱히 갈 곳을 못 찾은 리나는 친구들 전화번호를 훑어봤습니다.

'다연이랑 세진이는 요즘 내가 뭘 잘못하는지 **촉각(觸覺)을 곤두세우고**[163] 살피고 있고 그렇다고 재준이한테 연락하는 것도 그렇고. 누구한테 하지?'

그때 리나 머릿속에 떠오른 사람이 왜 수아였을까요? 리나는 수아 이름을 꾹 눌렀어요.

"여보세요? 리나야! 너 어디야? 무슨 일 있는 거 아니지?"

수아의 목소리를 듣자 갑자기 리나는 눈물이 나왔어요.

"수, 수아야."

"어디야? 내가 갈게."

"나, 여기 아파트 놀이터야."

수아는 일단 바로 선생님께 연락드렸어요. 오늘 하루 종일 리나가 학교에 오지 않았다고 얼마나 걱정하셨는지 몰라요. 반 분위기도 **싱숭생숭**[164]했거든요.

"선생님, 안녕하세요. 저 수아예요. 리나한테 연락이 왔어요!"

"그래? 아휴, 정말 다행이다!"

"그런데 일단 저 혼자 가 봐야 할 것 같아요. 선생님, 부모님께는 말씀드리지 말라고 하더라고요."

"그래, 수아야. 우선 그렇게 하자."

선생님은 일단 리나 어머니께 바로 연락을 드렸습니다. 리나 어머니께서 사방으로 리나를 찾아다니며 얼마나 걱정을 하고 계시는지 알고 있으니까 말입니다. 선생님은 리나 어머니를 안심시켰습니다.

한편 수아는 급히 아파트 쪽으로 달려갔습니다. 그러다 현수와 우연히 마주쳤습니다.

"어? 정수아! 너 어디가? 왜 이렇게 급히 뛰어?"

"리나한테 연락이 와서."

"최리나가 너한테? 참 별일이네. 나도 같이 가."

"음…. 리나가 싫어할 텐데."

"싫어하고 말고가 어딨어? 네가 가면 뒤따라가면 되는데."

현수가 뛰면서 오히려 수아를 **재촉**¹⁶⁵했습니다.

"정수아! 빨리 와. 이 날씨면 리나도 추울 텐데. 빨리 오라고."

저 멀리 놀이터에서 그네가 삐걱거리는 소리가 들렸습니다. 리나였습니다.

"꼴이 **가관**⁽可觀⁾¹⁶⁶이다, 최리나."

"어? 김현수. 여기 어쩐 일이야?"

"어쩐 일이긴. 정수아가 뛰어가길래 나도 열심히 따라왔다. 네가 아직 철이 덜 들었구나. 부모 **슬하**⁽膝下⁾¹⁶⁷에 있을 때가 제일 편하다는 거, 난 이미 알고 있어. 이것들이 호강에 겨워서."

부모님이 안 계시고 얼마 전에 할머니까지 돌아가신 현수는 어른스러운 소리를 했습니다. 그리고 저 멀리서 리나를 부르는 소리가 들렸습니다. 선생님이셨습니다.

"리나야!"

"선생님."

또 리나를 부르는 소리가 들려왔습니다.

"최리나!"

"엄마."

"너 여기서 뭐 하는 거야? 왜 얼토당토않은 일을 벌이고 그래?"

리나 엄마는 리나를 보자마자 눈물을 흘리며 리나를 혼내셨어요. 그때 선생님은 리나 옆에 떨어진 노란 종이를 발견하고 주웠어요.

'이게 뭐지?'

슬쩍 읽으니 리나의 고민 종이였어요. 리나의 힘든 마음이 그대로 느껴졌어요. 이대로 리나가 집에 들어가서 부모님과 잘 해결한다면 나아지겠지만, 그게 아니라면 친구 문제도 해결될 수 없을 거라는 생각이 들었어요. 리나의 가출은 그렇게 14시간 만에 끝이 났습니다. 하지만 리나의 고민 종이는 해결되지 않은 채로 남아 있었어요.

다음 날 학교에 다시 등교한 리나를 본 친구들은 어색해했어요. 자기들 때문에 집을 나간 것 같아 마음이 찜찜하기도 했고, 그렇다고 리나의 잘못을 너그럽게 **포용**(包容)**168**할 수 있는 마음 상태도 아니었거든요. 평범한 하루를 보낸 오후, 선생님은 리나의 일을 어떻게 해결해야 하나 또 고민에 빠졌습니다. 그때 선생님의 휴대폰이 울렸습니다. 리나 어머니셨습니다.

"선생님, 리나 엄마예요. 바쁘시지 않으면 리나 일로 상담을 좀 하고 싶어서요."

"네, 좋습니다."

"그러면 오늘 오후도 괜찮을까요?"

"네, 오세요."

리나 일로 고민하고 있던 찰나, 리나 어머니께서 먼저 상담을 **자청**(自請)[169]하신 것입니다. 선생님은 다행이라는 생각이 들었습니다. 교실로 들어오신 리나 어머니의 표정은 어제 일의 충격이 아직도 가시지 않은 듯했습니다.

"선생님, 안녕하세요."

"네, 어서 오세요. 리나 어머님. 어제는 많이 놀라셨죠?"

"네. 선생님 뵐 **면목**(面目)[170]이 없습니다."

"아니에요. 제가 리나를 더 신경 쓰지 못한 것 같아요."

"리나가 요즘 학교에서 어떻게 지내나 해서요. 사실 요새 학교에 가기 싫다는 말을 몇 번 했었거든요. 학원 가기 싫다고도 하고, 저한테 짜증도 많이 내고 해서 저는 단순히 사춘기가 시작되나 싶었어요."

선생님께서는 어제 리나를 발견한 놀이터에서 주운 리나의 고민 종이를 서랍에서 꺼냈습니다. 그리고 리나 어머니께 건넸어요. 그리고 그동안 학교에서 있었던 일을 말했습니다. 친구 문제로 힘들어했던 일, 그리고 반장 선거와 따돌림 사건 등을 말이죠.

"이 모든 일을 다 제가 **초래**(招來)¹⁷¹한 것만 같아요. 선생님." 리나 어머니는 또다시 눈물을 흘리셨습니다.

"아니에요. 어머니께서 리나를 사랑하셔서 그러셨다는 거, 잘 압니다. 하지만 리나가 스트레스를 많이 받고 있었던 것 같아요. 그 불안감이 친구를 심하게 질투하게 하고 친구 사이에 문제를 만든 것 같습니다."

"그동안 리나 말도 **일리**(一理)¹⁷²가 있었는데 제가 계속 무시해 왔어요…. 오늘 리나와 이야기 해 보고 학원을 줄여야겠어요."

"네, 리나는 안 그래도 잘하고 있어요. 어머니께서도 많이 불안해하지 않으셨으면 좋겠습니다."

선생님이 리나와 리나 어머니 사이에서 **중개자**(仲介者)¹⁷³ 역할을 하셨어요. 리나 어머니는 그날 저녁 조용히 리나를 불렀습니다.

"리나야, 학원 다니는 거 많이 힘드니?"

리나는 아무 말도 하지 않았습니다.

'힘들다고 해 봤자지.'

"학원, 네가 필요하다고 생각하는 것 딱 두 개만 빼고 끊자."

"정말? 정말, 엄마?"

리나는 엄마와 이런 대화를 하고 있다는 것 자체가 **생소**(生疏)¹⁷⁴했습니다.

갑자기 변한 엄마, 어제의 가출 때문이었을까요? 그때 리나는 노란 고민 종이가 생각났습니다.

'쓰긴 했지만 선생님한테 드리진 않았는데. 그리고 보니 그때 썼던 종이를 어디에 놔두었더라?'

어휘 톡톡!

어휘의 뜻을 함께 살펴보고 어휘가 들어간 짧은 예문을 읽어 보세요.

163 > 촉각(觸覺)을 곤두세우다

정신을 집중하고 신경을 곤두세워 즉각 대응할 태세를 취하다.

예) 그는 **촉각을 곤두세우고** 상대편의 행동을 살폈다.

164 > 싱숭생숭

마음이 들떠서 어수선하고 갈팡질팡하는 모양.

예) 중학교 입학을 앞두고 마음이 **싱숭생숭**했다.

165 > 재촉

어떤 일을 빨리하도록 조름.

예) 엄마는 나에게 숙제를 빨리하라고 **재촉**하셨다.

166 > 가관(可觀) : 옳을 가(可), 볼 관(觀)

꼴이 볼 만하다는 뜻으로, 남을 비웃는 의미로 하는 말.

예) 잘난 체하더니 꼴이 정말 **가관**이다.

167 > **슬하**(膝下) : **무릎 슬**(膝), **아래 하**(下)

부모님 무릎의 아래라는 뜻으로, 부모님이나 할아버지, 할머니의 보
살핌 아래, 부모 테두리 안을 이른다.

예) **슬하**에 자녀는 몇이나 두었소?

168 > **포용**(包容) : **쌀 포**(包), **얼굴 용**(容)

남을 너그럽게 감싸 주거나 받아들이다.

예) 그는 남을 너그럽게 **포용**할 줄 아는 사람이다.

169 > **자청**(自請) : **스스로 자**(自), **청할 청**(請)

어떤 일에 나서기를 스스로 청함.

예) 평강 공주는 바보에게 시집가기를 **자청**했다.

170 > **면목**(面目) : **낯 면**(面), **눈 목**(目)

체면, 염치와 같은 뜻이다. '면목이 없다'라는 말은 '스스로 자기 잘못
을 뉘우쳐 다른 사람의 얼굴을 볼 자신이 없을 정도다'와 같은 뜻으
로 쓰인다.

예) 그런 엄청난 잘못을 저질렀으니 무슨 **면목**으로 선생님을 만날 수 있겠어?

171 초래(招來) : **부를 초**(招), **올 래**(來)

어떤 결과를 가져오게 함.

예) 잠깐의 졸음이 교통사고를 **초래**했다.

172 일리(一理)**가 있다** : **한 일**(一), **다스릴 리**(理)

타당하고 그럴싸하다.

예) 네가 그렇게 주장하는 것은 **일리**가 있다.

173 중개자(仲介者) : **가운데 중**(仲), **낄 개**(介), **사람 자**(者)

둘 사이에 끼어서 대신 어떤 일을 해 주는 사람. 혹은 중간에서 일 처리를 대신 해 주고 수수료를 받는 사람.

예) 나는 두 사람이 화해할 수 있도록 **중개자** 역할을 했다.

174 생소(生疏) : **날 생**(生), **드물 소**(疏)

익숙하지 않고 낯설다.

예) 도시에서 농사짓는 모습은 **생소**한 풍경이다.

» '몸, 자신'을 뜻하는 기(己) «

 이기적(利己的) **: 이로울 이**(利)**, 자기 기**(己)**, 과녁 적**(的)

자기 자신의 이익만을 생각하는 것을 뜻함.

예) **이기적**으로 행동하면 친구들이 싫어한다.

 극기(克己) **: 이길 극**(克)**, 자기 기**(己)

자신의 욕심이나 감정, 충동을 의지로 눌러 이김.

예) 최고가 되려면 많은 **극기**가 필요하다.

» '재주'를 뜻하는 기(技) «

 기교(技巧) **: 재주 기**(技)**, 공교할 교**(巧)

기술이나 솜씨가 있고 묘하다.

예) 그는 뛰어난 **기교**로 바이올린을 연주했다.

특기(特技) : **특별할 특**(特), **재주 기**(技)

남이 가지지 못한 특별한 기술이나 능력.

예) 자신의 **특기**를 발휘해서 직업을 갖는 것만큼 좋은 일은 없다.

» '터, 기초'를 뜻하는 기(基) «

 기반(基盤) : **기초 기**(基), **바닥 반**(盤)

기초가 되는 부분.

예) 누구의 도움 없이 사업의 **기반**을 닦는 것은 참 힘든 일이었다.

 기준(基準) : **기초 기**(基), **법도 준**(準)

기본이 되는 표준.

예) 누군가를 평가할 때는 **기준**이 명확해야 한다.

» '기대하다'를 뜻하는 기(期) «

 기약(期約) : **기약할 기**(期), **약속할 약**(約)

때를 정하여 약속함.

예) 나는 오랜만에 만난 친구와 다음을 **기약**하고 헤어졌다.

"5반 친구들, 우리 앞으로 2주 후면 스포츠데이입니다. 스포츠데이에는 반별 발야구와 대표 선수 이어달리기를 합니다. 우리 반의 **단결**(團結)¹⁷⁵력을 보여 주길 바라요."

"우리 반 친구들을 세 조로 **편성**(編成)¹⁷⁶해서 발야구를 연습하자."

그날부터 5반은 스포츠데이 연습을 시작했어요.

"최진영! 너 파울이잖아. 다시 공 차!"

"파울이 뭐야?"

"너 **백치미**(白癡美)¹⁷⁷ 자랑하냐? 그것도 모르고 발야구를 하겠다는 거야?"

그때부터 병교의 열정적인 강의가 시작되었죠. 1루, 2루, 3루, 4루, 수비, 홈런, 파울 등.

"다들 공 차는 게 영 답답해서 어떡하면 좋지. 이래서 어떻게 경기를 하나?"

아침, 점심 가리지 않고 틈나는 대로 연습을 했어요. 5반 친구들 모두 이번만큼은 지고 싶지 않았거든요. 5반과 처음 경기하는 반은 3반이었습니다. 제비뽑기로 대진표를 작성할 때 5반을 뽑은 3반 친구들은 환호성을 질렀어요.

"5반은 누워서 떡 먹기지!"

3반 친구들의 말에 자존심이 상한 5반은 더욱 열심히 준비했어요. 몇 분 후면 승리의 축배를 마시고 있을 줄 알았던 3반은 5반의 실력에 깜짝 놀랐습니다. 5반은 3반을 이겼고 부전승으로 올라온 1반까지 이겼어요. 2반과 5반이 결승전에서 만나게 되었습니다. 스포츠 경기의 **백미**(白眉)[178]인 결승전이 시작되었지요. 2반과 5반의 **박빙**(薄氷)[179]의 승부가 펼쳐졌습니다. 2반의 공격이 끝나자 점수가 4:7로 벌어지면서 5반이 3점 지고 있었습니다.

"우리가 공격하는 마지막 기회야. 4점을 얻어야 이길 수 있어."

5반 학생들이 공격하기 시작했고 1루, 2루, 3루에 한 명씩 진출했어요.

"자, 김지성, 강병교, 박성현, 방금 부른 순으로 공격해." 재준이가 말했어요.

"재준아, 그러면 그 뒤로는 공을 잘 차는 친구들이 아무도 없어. 성현이까지 다 차고 났는데 그 뒤로 다 아웃되면 어떡하려고 그래?"

"지금 그럴 때야? 지금 우리는 원 아웃 상태고 1루, 2루, 3루에 서 있는 사람들까지 다 들어와야 겨우 동점이야. 지성이, 병교, 성현이가 찰 때까지 승부를 내야지. 지금이 바로 **배수진**(背水陣)[180]을 치고 경기할 때야."

재준이 말에 다들 긴장했습니다. 지성이가 공을 찼습니다. 다행히도 지성이의 공을 2반 친구들이 놓쳤고, 3루에 있었던 나연이가 무사히 홈으로 들어왔습니다.

"5:7이야. 5반 파이팅!"

그리고 병교 차례가 되었습니다.

"강병교 파이팅!"

병교는 친구들에게 브이를 그려 주었습니다. 병교가 찬 공은 하늘을 뚫을 것처럼 날아갔습니다. 하지만 그 공은 2반에서 가장 잘한다는 지찬이의 품으로 딱 들어갔습니다.

"아웃!"

투 아웃이 되고 말았습니다. 5반 친구들은 더 긴장되기 시작했습니다. 그때 재준이가 말했습니다.

"걱정 마! 우린 이긴다! 5반 파이팅!"

"파이팅!"

다시 힘을 얻은 성현이가 마지막이라는 생각으로 공격하러 나갔습니다. 지금 2루와 3루에 한 명씩 서 있는 상황이었고, 성현이는 이 공을 아무도 잡지 못하게 차리라고 생각했습니다. 그리고 '뻥' 소리와 함께 공이 날아갔습니다. 한 명이 홈으로 들어왔고 또 한 명이 홈으로 들어왔습니다. 5반의 응원석에서 "와아!" 소리가 들려왔습니다. 7:7 동점! 투 아웃 상태였지만 5반에는 이제 공을 잘 차는 친구가 없었습니다. 모든 친구들이 돌아가면서 하는 게 원칙이었으니까요. 가장 부담스러운 상황에서 수아가 공격하러 나왔습니다. 여기서 아웃당하면 또 연장전을 해야 했어요.

"정수아! 힘내라!"

수아는 공을 째려보았고 발로 공을 찼습니다. 힘없이 날아가는 것 같더니 2반의 한 친구를 향해 날아갔습니다. 그 친구는 공을 놓치고 말았고, 다른 남학생이 와서 그 공을 낚아챘으나, 그 사이에 2루에 있던 성현이가 홈으로 들어왔습니다.

"우와!"

8:7로 5반의 승리가 확정되었습니다. 쓰리 아웃이 되지 않았기에 경기는 아직 끝나지 않았습니다. 다음 차례였던 민준이의 마지막 홈런이 터지면서 5반의 승리에 **쐐기를 박았습니다**[181]. 마지막 민준이의 홈런 장면은 아주 **장관**(壯觀)[182]이었습니다. 그렇게 발야구에서 우승한 5반은 다 같이 얼싸안았습니다. 친구들은 감독 역할을 했던 재준이의 **식견**(識見)[183]에 **혀를 내둘렀습니다**[184].

"이어달리기도 파이팅하자!" 담임 선생님이 말씀하셨습니다.

이어달리기 경기에서의 **홍일점**(紅一點)[185]이 바로 세진이였습니다. 세진이와 민준이, 진석이, 수찬이가 이어달리기 선수였습니다. 이어달리기에서 5반은 2등을 기록했습니다. 발야구와 이어달리기를 합산한 결과를 발표하는 시간이 왔습니다.

"5학년 스포츠데이 결과를 발표하겠습니다. 1등은···."

긴장감이 운동장을 감싸안았습니다.

"5학년 5반입니다!"

"와아아!"

5반 친구들도 놀랐지만, 나머지 반 친구들도 놀랐습니다. **줄곧**[186] 꼴등을 해왔던 5반이 스포츠데이에서 1등을 한 것은 무척이나 **고무적**(鼓舞的)[187]인 일이었어요. 오늘만큼은 5반 친구들 모두 승리의 기쁨을 **만끽**(滿喫)[188]하고 싶었습니다.

어휘 톡톡!

어휘의 뜻을 함께 살펴보고 어휘가 들어간 짧은 예문을 읽어 보세요.

175 단결(團結) : 둥글 단(團), 맺을 결(結)

많은 사람이 마음과 힘을 한데 뭉침을 뜻하는 말.

예) 우리 반은 **단결**된 마음으로 운동회를 승리로 이끌었다.

176 편성(編成) : 엮을 편(編), 이룰 성(成)

무리를 나누거나 계획 같은 것을 짜서 이루다.

예) 우리 학교는 6학년을 5개 학급으로 **편성**하였다.

177 백치미(白癡美) : 흰 백(白), 어리석을 치(癡), 아름다울 미(美)

머리가 안 좋은 것처럼 보이지만 거기서 느껴지는 매력이나 아름다움.

예) 그는 친구들이 **백치미**가 느껴져 좋다고 말했다.

178 백미(白眉) : 흰 백(白), 눈썹 미(眉)

흰 눈썹이라는 뜻으로, 여럿 가운데서 가장 뛰어난 사람이나 훌륭한 물건을 비유적으로 이르는 말이다. 중국 촉한 때 마 씨 다섯 형제가 모두 재주가 있었는데, 그중에서도 눈썹 속에 흰 털이 난 마량이 가장 뛰어났다는 데서 유래했다.

예) 그 드라마의 **백미**는 배우의 연기였다.

179 > 박빙(薄氷) : 엷을 박(薄), 얼음 빙(氷)

얇게 살짝 언 얼음. 근소한 차이를 비유적으로 이르는 말이다.

예) 지금 1위와 2위의 영화 예매율이 **박빙**이다.

180 > 배수진(背水陣) : 등 배(背), 물 수(水), 진 칠 진(陳)

어떤 일을 성취하기 위하여 더 이상 물러설 수 없음을 비유적으로 이르는 말.

예) 이번에 지면 탈락 확정이라 두 팀 모두 **배수진**을 치고 공격적인 경기를 펼쳤다.

181 > 쐐기를 박다

쐐기는 어떤 틈에 끼워 넣어서 움직이지 못하게 하거나 틈을 효과적으로 벌릴 수 있도록 하는 도구로, 이런 쐐기를 박은 것처럼 뒤탈이 없도록 미리 단단히 다짐을 해서 확실히 해 둔다는 뜻이다.

예) 그 정치인은 더 이상 선거에 출마하지 않겠다고 **쐐기를 박았다.**

182 > **장관**(壯觀) : **장할 장**(壯), **볼 관**(觀)

훌륭하고 장대한 광경. 또는 꼴 보기 좋다는 식으로, 남의 행동이나
어떤 상태를 비웃는 말.

예) 태양이 떠오르는 장면이 **장관**이었다.

길거리에 누워 있는 그의 모습은 **장관**이었다.

183 > **식견**(識見) : **알 식**(識), **볼 견**(見)

학식과 견문이라는 뜻으로, 사물을 분별할 수 있는 능력을 이르는 말.

예) 김 선생은 세계 경제에 대해서 높은 **식견**을 가지고 있다.

184 > **혀를 내두르다**

몹시 놀라거나 어이없어서 말을 못 하다.

예) 조그만 아이가 힘이 보통이 아니라며 모인 사람들이 **혀를 내둘렀다.**

185 > **홍일점**(紅一點) : **붉을 홍**(紅), **한 일**(一), **점 점**(點)

많은 남자 사이에 끼어 있는 한 사람의 여자를 비유적으로 이르는 말.

예) 우리 과에는 남자가 대**부분**이고 그녀가 유일한 **홍일점**이다.

〈홍일점 유래 이야기〉

홍일점이란 말은 원래 **만록총중홍일점**(萬綠叢中紅一點) 즉 '온통 새파

란 덤불 속에 빨간 꽃이 한 송이 피어 있다'라는 말의 끝부분만을 따온 말이에요. 이것은 왕안석의 〈영석류시〉에 나오는 시 구절에서 가져온 것입니다. 이후에 '청일점(靑一點)'이라는 말도 생겼는데, 홍일점과 반대로 많은 여자들 속에 남자 하나가 끼어 있는 것을 말합니다.

186 〉 줄곧

'끊임없이 잇따라'라는 뜻의 말.

예) 여름 방학 동안 **줄곧** 집에만 있었니?

187 〉 고무적(鼓舞的) : 북 고(鼓), 춤출 무(舞), 과녁 적(的)

힘을 내도록 격려하여 용기를 북돋우는 것.

예) 이번 사건은 민주주의에 대한 의식을 높이는 **고무적**인 사건이라 할 수 있다.

188 〉 만끽(滿喫) : 찰 만(滿), 마실 끽(喫)

충분히 만족할 만큼 즐기다.

예) 그녀는 성공의 기쁨을 채 **만끽**하기도 전에 병에 걸리고 말았다.

한자 톡톡!
| 단 |

관련 어휘 175. '단결(團結)'

» '짧다'를 뜻하는 단(短) «

 단명(短命) : 짧을 단(短), 목숨 명(命)

목숨이 짧음.

예) 그 천재는 **단명**했다.

 단점(短點) : 짧을 단(短), 점 점(點)

모자라고 부족한 점.

예) 다른 사람의 **단점**을 보려고 하지 말고 장점을 보려고 하자.

 단축(短縮) : 짧을 단(短), 줄일 축(縮)

시간이나 거리 따위가 짧게 줄어듦. 혹은 그렇게 줄임.

예) 도로 공사 후에 고향에 가는 시간이 **단축**되었다.

» '둥글다'를 뜻하는 단(團) «

 단체(團體) : 둥글 단(團), 몸 체(體)

여러 사람이 모여서 이루어진 집단.

예) **단체** 생활을 하려면 규칙을 지켜야 한다.

 단속(團束) : 둥글 단(團), 묶을 속(束)

주의를 기울여 다잡거나 보살핌.

예) 아이들 **단속**을 어떻게 했기에 이렇게 버릇들이 없지?

방송에 출연한 고민 상자

교실의 신문고 고민 상자의 활약!

학교를 찾...
우리는 모...
그래서 ...
서로 다...
친구의
고민 상...

교실은 좋은 문화를 만들고 견문도 넓히는 곳입니다. 앞으로도...

그럼 오늘도 고민 상자에 고민이 있는지 확인해 볼까요?

넵!

고민 상자

잘못한 아이를 핀잔하면 미봉책 밖에 되지 않습니다. 오늘은 이서윤 선생님과 5학년 5반 학생들과 함께 했습니다. 감사합니다.

5반의 1등은 고민 상자 덕택이라고 해도 맞는 말이에요. 고민 상자를 설치한 후 5반 친구들이 함께할 수 있었으니까요. 고민 상자는 여기저기서 **각광**(脚光)**189**을 받기 시작했습니다.

"고민 호소의 도구, 교실 신문고, 고민 상자의 활약!"

신문 기사에도 나왔고 방송국에서 취재를 오기도 했습니다. 방송 기자는 이서윤 선생님을 인터뷰했습니다.

"선생님, 고민 상자는 어떻게 해서 시작하시게 되셨나요?"

"우리는 모두 다릅니다. 그래서 저마다의 행복을 추구하기 마련입니다. 하지만 서로 다른 생각과 **관점**(觀點)**190**을 이해하지 못하면 친구의 행동을 이해할 수 없지요. 마음에 안 드는 친구를 따돌리는 분위기도 **성행**(盛行)**191**합니다. 하지만 고민 상자를 통해 친구와 함께하고 이해할 기회를 가지면서 서로에 대한 **편견**(偏見)**192**을 없애고 싶었습니다."

"네. 그렇군요. 그렇다면 초등학생들에게 하고 싶은 말씀이 있으신가요?"

"교실은 단지 수업을 받는 곳이 아니라 좋은 문화를 만들고 **계승**(繼承)**193**해 나가는 곳이라고 생각했으면 좋겠습니다. 또 선생님과 친구들이 함께 많은 경험을 하면서 **견문**(見聞)**194**을 넓히는 곳이죠. 행복한 아이들이 행복한 어른으로 커 가는 사회야말로 **번영**(繁榮)**195**할 수 있는 사회가 아닐까요? 이러한 교육 문화를 만들어 갈 수 있도록 사회가, 그리고 어른들이 도와주셨으면 좋겠습니다."

"좋은 말씀 감사합니다. 선생님. 그렇다면 오늘도 고민 상자에 고민이 들어 있는지 한번 확인해 볼까요?"

기자가 고민 상자를 취재하러 온 이날도 **어김없이**¹⁹⁶ 고민 종이가 들어 있었습니다.

"제가 고민 종이를 꺼내 봐도 될까요?"

"네!"

재준이의 목소리였습니다.

"재준이가 답하는 걸 보니 재준이 사연이구나? 하하."

'저는 좋아하는 친구가 있습니다. 이세진이라는 친구예요. 이야기도 많이 해 보고 싶은데 어떻게 해야 할지 모르겠어요. 도와주세요.'

세진이를 **흠모**(欽慕)¹⁹⁷하던 재준이의 사연이었습니다. 5반 친구들은 시끌벅적해졌습니다.

"이거 공개적으로 고백하는 게 되어 버렸네요. 세진 학생, 재준 학생이 친하게 지내고 싶대요. 어때요? 세진 학생도 재준 학생이랑 친하게 지내고 싶어요?"

기자는 세진이에게 바로 물었어요. 세진이는 잠깐 당황했지만 기분 좋게 나와서 대답 대신 재준이의 손을 잡고 활짝 웃었습니다. 그리고 기자가 마지막 멘트를 하며 방송 녹화를 끝마쳤어요.

"여러 가지 문제로 고민하고 가끔은 엇나가기도 하는 아이들을 혼내기만 하는 건 **미봉책**(彌縫策)[198]밖에 되지 않습니다. 하지만 이렇게 함께하며 스스로 깨닫게 하는 선생님은 아마 **천리안**(千里眼)[199]을 갖고 계시는 듯합니다. 여기서 더 칭찬을 덧붙이면 **사족**(蛇足)[200]이 되어 버리겠지요. 학교를 찾아갑니다! 오늘은 이서윤 선생님과 5학년 5반이 함께했습니다. 감사합니다!"

어휘 톡톡!

어휘의 뜻을 함께 살펴보고 어휘가 들어간 짧은 예문을 읽어 보세요.

189 **각광**(脚光) : **다리 각**(脚), **빛 광**(光)

사회적 관심이나 흥미.

예) 김치, 된장 등 우리 음식이 세계에서 **각광**을 받고 있다.

190 **관점**(觀點) : **볼 관**(觀), **점 점**(點)

사물이나 현상을 관찰할 때, 그 사람이 생각하는 태도나 방향.

예) 어떤 현상이든 **관점**을 달리하여 보면 다르게 보인다.

191 **성행**(盛行) : **성할 성**(盛), **다닐 행**(行)

매우 성하게 유행함.

예) 사실주의는 19세기에 **성행**하던 예술 양식이다.

192 **편견**(偏見) : **치우칠 편**(偏), **볼 견**(見)

공정하지 못하고 한쪽으로 치우친 생각.

예) 할 수 없다는 생각은 **편견**에 불과하다.

193 > 계승(繼承) : **이을 계**(繼), **받들 승**(承)

조상의 전통이나 문화유산, 업적 따위를 물려받아 이어 나감. 또는 권력이나 지위를 이어받음.

예) 왕자는 왕의 자리를 **계승**했다.

194 > 견문(見聞) : **볼 견**(見), **들을 문**(聞)

보거나 듣거나 하여 깨달아 얻은 지식.

예) 여러 나라를 순회하여 **견문**을 넓히다

195 > 번영(繁榮) : **번성할 번**(繁), **영화 영**(榮)

번성하고 풍요롭고 잘됨.

예) 우리 민족의 최대 **번영**기가 언제였을까?

196 > 어김없이

어기는 일이 없이. 틀림없이.

예) 그는 자기가 약속한 것은 **어김없이** 지킨다.

197 > 흠모(欽慕) : **공경할 흠**(欽), **그릴 모**(慕)

기쁜 마음으로 공경하며 좋아함.

예) 어릴 적 나는 담임 선생님에 대한 **흠모**의 마음으로 수업을 듣곤 했다.

198 **미봉책**(彌縫策) : **두루 미**(彌), **꿰멜 봉**(縫), **꾀 책**(策)

어떤 문제의 근본적인 원인을 해결하려고 하지 않고 눈가림만 하는
일시적인 해결책.

예) 전염병이 돌고 있을 때 정부가 내놓은 해결책은 **미봉책**에 그쳤다.

|TIP| 미봉책과 비슷한 뜻의 표현

➡ **임시변통** (臨時變通) : **임할 임**(臨), **때 시**(時), **변할 변**(變), **통할 통**(通)

　갑자기 터진 일을 우선 간단히 대충 처리함.

➡ **눈 가리고 아웅 하기** : 얕은수로 남을 속이려 한다는 말로, 실제로 보람 없을 일을 형

　식적으로 하는 것.

➡ **언 발에 오줌 누기** : 언 발을 녹이려고 오줌을 누어 봤자 효력은 별로 없다. 임시변통

　은 될지 모르나 그 효력이 오래가지 못할 뿐만 아니라 결국에는 사태가 더 나빠짐을

　비유적으로 이르는 말.

➡ **윗돌 빼서 아랫돌 괴고 아랫돌 빼서 윗돌 괴기** : 임시변통으로 해결하는 것.

199 **천리안**(千里眼) : **일천 천**(千), **마을 리**(里), **눈 안**(眼)

천 리 밖을 보는 눈이란 뜻으로, 사물을 꿰뚫어 볼 수 있는 뛰어난 관
찰력이나 통찰력을 뜻한다.

예) 고개를 드니 **천리안**이라고 소문난 선생님의 시선이 쏟아진다.

200 　**사족**(蛇足) : 뱀 사(蛇), 발 족(足)

발이 없는 뱀에 발을 그려 넣은 것, 즉 쓸데없이 덧붙인 일 또는 군더더기.

예) 이미 결정되었으니 **사족**을 달 필요 없다.

〈사족의 유래 이야기〉

초나라에 제사를 담당하는 사람이 있었는데, 어느 날 제사가 끝나고 남은 술을 하인들에게 주었습니다. 하인들이 그 술을 마시려고 모였는데 술의 양이 썩 많지 않았어요. 이에 한 사람이 나서서 말했습니다.

"어차피 부족한 술이니 나눠 마시지 말고 한 사람에게 다 줍시다. 자, 지금부터 뱀을 그리기 시작하여 가장 먼저 그린 사람에게 술을 몰아주는 게 어떻겠소?"

그러자 사람들이 고개를 끄덕이고는 열심히 뱀을 그리기 시작했습니다. 얼마 후 한 사람이 그림을 내놓으며 말했습니다.

"자, 내가 가장 먼저 그렸으니 술은 내 것이오."

말을 마친 그가 술병에 손을 갖다 대려는 순간 옆에 있던 사람이 술병을 가로채며 말했습니다. "술은 내 것이오. 당신이 그린 뱀에는 다리가 있으니 어찌 뱀이라 할 수 있겠소? 그러니 내가 가장 먼저 그린 것이오."

쓸데없이 뱀에 발을 그려 넣어 가장 먼저 술을 마실 수 있는 기회를 놓친 것이었습니다. 그때부터 '사족'은 쓸데없이 하는 일을 의미하게 되었답니다.

한자 톡톡!
| 성 |

관련 어휘 191. '성행(盛行)**'**

≫ '소리'를 뜻하는 성(聲) ≪

 성량(聲量) **: 소리 성**(聲)**, 헤아릴 량**(量)

사람의 목소리가 크거나 작은 정도.

예) 그는 시원한 **성량**을 내뿜으며 노래를 불렀다.

 명성(名聲) **: 이름 명**(名)**, 소리 성**(聲)

세상에 널리 퍼져 평판 높은 이름.

예) 그는 뛰어난 연기력으로 **명성**을 날렸다.

≫ '정성'을 뜻하는 성(誠) ≪

 성금(誠金) **: 정성 성**(誠)**, 쇠 금**(金)

정성으로 내는 돈.

예) 이 돈은 이웃 돕기 **성금**으로 쓰일 겁니다.

지성(至誠) : 이룰 지(至), 정성 성(誠)

지극한 정성.

예) 아내의 **지성** 어린 내조로 그는 성공했다.

» '성하다'를 뜻하는 성(盛) «

 성황(盛況) : 성할 성(盛), 상황 황(況)

모임 따위에 사람이 많이 모여 활기찬 분위기.

예) 이번 공연은 연일 **성황**을 이루고 있다.

 성대(盛大) : 성할 성(盛), 클 대(大)

행사의 규모 따위가 풍성하고 크다.

예) 그녀는 **성대**한 결혼식을 치렀다.

 성쇠(盛衰) : 성할 성(盛), 쇠할 쇠(衰)

성하고 쇠퇴함.

예) 한 나라의 **성쇠**가 역사적 인물에 달려 있다.

≫ '별'을 뜻하는 성(星) ≪

 북두칠성(北斗七星) : **북녘 북**(北), **말 두**(斗), **일곱 칠**(七), **별 성**(星)

큰곰자리에서 국자 모양을 이루며 가장 뚜렷하게 보이는 일곱 개의 별.

예) **북두칠성**을 바라보면서 걸어가라.

 점성술(占星術) : **점칠 점**(占), **별 성**(星), **재주 술**(術)

별의 빛이나 위치, 운행 따위를 보고 개인과 국가의 길흉을 점치는 점술.

예) 예전에는 **점성술**로 국가의 장래를 점치기도 하였다.

어휘 테스트

다음 문장을 읽고 (　　) 안에 들어갈 어휘를 [보기]에서
골라 써 보세요.

보기

기약 　　만끽 　　박빙 　　백치미 　　사족

생소 　　성대 　　성량 　　싱숭생숭 　　어김없이

이기적 　　자청 　　재촉 　　편견

1. 기분이 (　　　　)해서 기분 전환을 하러 산책에 나섰다.

2. 그렇게 (　　　　)한다고 일을 빨리 해 드릴 순 없어요. 순서를 기다리세요.

3. 동현이가 궂은일에 (　　　　)해서 나선 건 처음이라 다들 당황했다.

4. 이 물고기는 이름이 뭘까? 생김새가 (　　　　)해서 낯설다.

5. 서로를 챙기면 좋으련만 다들 (　　　　)으로 굴기만 해서 슬프다.

6. 며칠 뒤에 또 보자는 (　　　　)은 잊었는지 다들 연락이 안 된다.

7. 성호는 똑똑하게 생긴 애가 허당처럼 굴어서 (　　　　)가 있다.

8. 정원이와 은하의 승부는 매우 치열해서 (   )이었다.

9. 은하는 승리의 즐거움을 (   )하려고 멋진 포즈를 취했다.

10. 한자가 어렵기만 하다는 건 다 (   )이야. 알고 보면 얼마나 쉽고 편리한데.

11. 늘 그렇듯 상혁이가 (   ) 제일 먼저 등교했다.

12. 자꾸 엉뚱한 (   )을 다니까 회의가 진행이 안 되잖아!

13. 승범이가 몸집이 커서 (   )도 큰 편이라 작게 말해도 시끄럽다.

14. 다들 성실하게 여기까지 와 줬으니 아주 (   )한 잔치를 열어야겠다.

|**정답**| 1. 싱숭생숭 2. 재촉 3. 자청 4. 생소 5. 이기적 6. 기약 7. 백치미 8. 박빙 9. 만끽 10. 편견 11. 어김없이 12. 사족
13. 성량 14. 성대

이 책의 어휘 목록

어린 시절의 보물, 우정

질투와 미움으로 가득 차 있던 5반은 고민 상자 이후로 많은 일이 있었어요. 그리고 서로를 더 잘 이해하게 되었죠. 동생에게 장애가 있어 더 똑똑하게 행동해야 했던 수아, 학원 스트레스로 친구들을 이간질했던 리나, 편찮으신 할머니께 딸기를 사다 드리려다가 친구의 지갑까지 훔치게 된 현수, 재준이를 질투해 싸움까지 하지만 점차 친구가 되어 가는 지성이, 스마트폰을 받기 위해 반장 선거에 나왔다가 반장이 되는 바람에 오히려 곤혹을 치르게 되었던 재준이까지. 친구들은 한 반에서 많은 것들을 함께해 나가며 서로를 이해하고 성장해 나갑니다.

여러분은 막역(莫逆)한 친구가 있나요? 막(莫)은 '아니다'라는 뜻이고 역(逆)은 '거스르다'라는 뜻입니다. 즉 서로 잘 알아서 상대방의 뜻을 거스르지 않는 잘 통하는 친구라는 뜻이죠. 선생님은 매년 학기 초 선생님 반 친구들에게 이렇게 말하곤 해요. 우리는 전 세계 중에서도 대한민국, 대한민국 중에서도 서울, 서울 중에서도 ○○구, ○○구 중에서도 □□동, 그중에서도 우리 학교, △학년, △반에서 만나게 된 엄청난 인연이라고 말이죠. 지금 교실에서 함께 생활하는 선생님과 친구들은 정말 엄청난 인연으로 만난 거랍니다. 한 명 한 명의 소중함을 알고 서로 사랑할 줄 아는 어린이가 되었으면 좋겠어요.

커서도 죽마고우(竹馬故友)는 더 애틋하고 그립답니다. 지금 여러분과 함께 생활하고 있는 친구들과 붕우유신(朋友有信), 문경지교(刎頸之交)의 친구가 되었으면 좋겠어요. 든든한 내 친구가 있다는 건 행복한 일이니까요.

자! 책에 나온 5반 친구들과 함께하며 어휘력이 좀 길러졌나요? 일상생활의 감정 표현에서부터 모든 과목의 공부까지 가장 기초가 되는 것은 '국어'입니다. 여러분이 풍부한 국어 어휘와 친해지기도 전에 영어 단어장을 들고 다니는 모습을 볼 때면 선생님은 참 안타깝습니다. 평소 모르는 단어가 나오면 뜻을 찾아보고 책을 통해 어휘를 많이 접하면서 어휘의 재료를 모으는 일을 부지런하게 하길 바라요. 여러분의 삶이 풍요로워질 테니까요! 물론 다른 과목의 성적도 쑥쑥 오르게 될 겁니다.

EBS 국어 이서윤 쌤의 스토리텔링 학습 동화

읽다 보면 저절로 외워지는 초등 어휘

초판 1쇄 발행 2025년 1월 20일

글쓴이 이서윤
그린이 박소라
펴낸이 민혜영
펴낸곳 데이스타
주소 서울시 마포구 월드컵로 14길 56, 3~5층
전화 02-303-5580 | **팩스** 02-2179-8768
홈페이지 www.cassiopeiabook.com | **전자우편** editor@cassiopeiabook.com
출판등록 2012년 12월 27일 제2014-000277호

ⓒ이서윤, 2025
ISBN 979-11-6827-243-9 (73710)

이 책은 저작권법에 따라 보호받는 저작물이므로 무단 전재와 복제를 금하며,
책의 전부 또는 일부를 이용하려면 반드시 저작권자와 ㈜카시오페아 출판사의
서면 동의를 받아야 합니다.

• 데이스타는 ㈜카시오페아 출판사의 어린이·청소년 브랜드입니다.
• 잘못된 책은 구입하신 곳에서 바꿔 드립니다.
• 책값은 뒤표지에 있습니다.